AQA Spanish
ANSWERS & TRANSCRIPTS

A LEVEL
YEAR 1
AND AS

OXFORD

UNIVERSITY PRESS

OXFORD
UNIVERSITY PRESS

Great Clarendon Street, Oxford, OX2 6DP, United Kingdom

Oxford University Press is a department of the University of Oxford.
It furthers the University's objective of excellence in research,
scholarship, and education by publishing worldwide. Oxford is a
registered trade mark of Oxford University Press in the UK and in
certain other countries

British Library Cataloguing in Publication Data
Data available

978-0-19-844602-6

9 10

Paper used in the production of this book is a natural, recyclable
product made from wood grown in sustainable forests.
The manufacturing process conforms to the environmental
regulations of the country of origin.

Printed in Great Britain by Ashford Colour Press Ltd., Gosport

Cover photograph: Peter Widmann/Robert Harding

Contents

Theme 1: Aspects of Hispanic society: current trends

1 Los valores tradicionales y modernos

Introductory spread

1 Sin usar un diccionario, ¿cuántas de estas palabras reconoces? Compara tus respuestas con las de un(a) compañero/a.

emancipation, wedding, pregnancy, birth rate/ unemployment rate, home, unmarried woman / single woman, the experience, to experience, dictatorship, transition

2 Lee la información en "¿Lo sabías?" y decide si las frases son Verdaderas (V), Falsas (F) o No Mencionadas (N).

1 F 2 V 3 N 4 V 5 F 6 V 7 V

3a Completa el texto, escogiendo la palabra más apropiada de la lista abajo.

1 refleja 2 inicia 3 narra 4 franquista 5 democracia 6 temas 7 destacan

3b Empareja cada palabra con su definición.

1 d 2 f 3 a 4 e 5 c 6 b

3c Piensa en tu propia familia, en otras que conoces, en las de las revistas o la tele. ¿Cuál es la estructura de esas familias? ¿Son todas parecidas? Si no, ¿en qué se diferencian?

> **Points that could be made:**
> - The family models are not the same.
> - There are traditional families: a heterosexual couple and children.
> - There are 'natural marriages' (cohabiting couples) – established couples who are not married.
> - One-parent families – single-parent for a variety of reasons: (divorce / widowed / personal choice to remain single).
> - Homosexual families – with or without children.

> - There are 'reconstituted' families (comprising people from two previous marriages, in which we find stepmothers and stepfathers and stepbrothers and stepsisters and maybe, half brothers and half sisters too).

1.1 A: Los cambios en la familia

1 Answers will vary.

2a Lee este texto que trata sobre cómo ha evolucionado el concepto de la familia y la situación de las mujeres españolas desde la dictadura franquista. Busca en el texto un sinónimo para cada una de las palabras siguientes:

1 evolucionado 2 nórdico 3 transcurrió 4 rama 5 liderazgo 6 ideario 7 sumisa 8 preconizaba

2b Traduce las siguientes frases al español.

> **Suggested answers**
> 1 En muchas partes / regiones del mundo el concepto de familia empezó a cambiar en los años 50.
> 2 Hasta los años 80 la mayoría de las familias españolas eran muy tradicionales.
> 3 Ahora la sociedad acepta muchos modelos de familia distintos.
> 4 Durante la dictadura las jóvenes españolas aprendían los valores tradicionales que enseñaban que el papel de la mujer era ser madre y una esposa sumisa.
> 5 Después de la muerte de Franco, la Sección Femenina fue disuelta y ahora las españolas tienen total libertad.

2c Busca ejemplos del imperfecto en el texto. Para cada uno, analiza por qué ese tiempo ha sido utilizado.

vivían, era, tenían, se esperaba, se explicaban, debían – all used because they refer to how things were/used to be over a period of time in the past

"habían" used as the auxiliary in the pluperfect – habían conseguido

2d Answers will vary.

3 Completa el texto con la forma adecuada del imperfecto de los verbos entre paréntesis. Luego traduce ambos párrafos al inglés.

1 eran, solían, pasaban, gustaba, leían, iban, escogían, interesaban

2 disfrutaban, tenían, querían, apetecía, podía, consideraba

Suggested answers

1 When my grandparents were younger, they did not spend much time watching television, but they used to work for hours in the garden and they also liked to read a lot. For example, they read the newspaper every day and every week they would go to the library and choose a variety of novels that interested them.

2 Under Franco's dictatorship, Spanish women did not enjoy much freedom and they had to do what their fathers wanted, and, once they were married, what their husbands wanted. For example, if a woman was invited to go out alone, she could not go [literally, she could not do it] without her husband's permission. At that time, people generally thought that women were inferior to men.

4 Escucha a los tres jóvenes españoles dar sus opiniones sobre la importancia de la familia. Contesta las preguntas.

1 a Es lo mejor y lo más valioso que puede tener alguien.

b Querer a alguien y que te quieran es maravilloso.

2 a grupo

b (any 3 of) porque la familia te escucha, te apoya, te protege, te da cariño, te alimenta, viste y educa

3 a se aprende a compartir

b crecemos, hacemos, aprendemos

Transcript

— Creo que tener una familia es lo mejor y más valioso que puede tener alguien, siempre tienes con quien contar y apoyo cuando lo necesitas. Lo mejor es querer a alguien y que te quieran.

— Una familia es un conjunto de personas que se quieren y se ayudan en los momentos más difíciles. Sin ella sería casi imposible vivir ya que la familia es la que nos escucha, nos apoya, nos protege y nos da el cariño que necesitamos en el momento más necesario... cuando estoy con ellos me divierto mucho, me río, me lo paso muy bien y soy feliz junto a ellos. Imagina un niño pequeño sin familia, ¿¿quién lo alimentaría, vestiría, educaría y todo eso? No importa qué modelo de familia tienes; lo importante es tener una.

— La familia es el pilar fundamental de nuestra sociedad. Dentro de la familia crecemos y nos hacemos adultos, con la familia aprendemos a compartir.

5 Answers will vary.

1.1 B: Los cambios en la familia

1 Answers will vary.

2a Escucha el reportaje sobre la libertad de las mujeres y contesta estas preguntas en español.

1 por qué Franco murió en aquel año

2 en 1978

3 no podían trabajar, tener propiedad o viajar

4 Hoy en día pueden trabajar, lo que les permite independencia económica.

5 dos tercios de las madres

6 Se crean relaciones beneficiosas entre los jóvenes y los abuelos.

2b Escucha otra vez y completa las frases con las palabras adecuadas del reportaje.

1 marital, propiedad, disfruten, faltaba

2 libertad, estabilidad, alcanzable

3 ventajas, beneficiosas, abuelos

Transcript

Durante la dictadura de 1939-1975 Francisco Franco fue el Jefe de Estado de España. Hasta su muerte en 1975 y la creación de la Constitución de 1978 y del Código Civil de 1981 año en que fue legalizado el divorcio, la vida era bastante dura en España. La vida era dura sobre todo para las mujeres casadas ya que tenían muy pocos derechos. Por ejemplo, el "permiso marital" les prohibía trabajar, tener propiedad e incluso viajar sin el permiso de su marido. Así, no es sorprendente que las mujeres españolas de hoy disfruten de su libertad – la libertad que les faltaba a sus abuelas.

Cuando nos preguntamos cuáles son las causas de los cambios familiares hay que tener en cuenta este nuevo papel de la mujer y, especialmente, su incorporación al mercado de trabajo. Esto les dio independencia económica y significa que hoy en día las mujeres no necesitan un hombre para tener una vida independiente. Para muchas mujeres el deseo de libertad es muy fuerte, más fuerte que el deseo de estabilidad, que en el pasado era sólo alcanzable a través del matrimonio.

Es claro que la incorporación de la mujer al mundo del trabajo tiene consecuencias prácticas para la vida familiar. La mujer tiene que recurrir a las guarderías para cuidar de los niños o utiliza otra alternativa; recurrir a los abuelos. En realidad, ésto es lo que hacen dos tercios de las madres españolas. En realidad, este sistema tiene ventajas para todos porque se crean nuevas y beneficiosas relaciones entre los jóvenes y sus abuelos.

3a Lee el texto y empareja cada frase con su definición.

1 e 2 g 3 b 4 f 5 a 6 j 7 l 8 c 9 k 10 h 11 i 12 d

3b Traduce estas frases al español.

> **Suggested answers**
>
> 1   La mayoría de los jóvenes españoles no se marchan de la casa de sus padres hasta que tienen 25 años o más.
>
> 2   Hay varias razones para este retraso, como por ejemplo la alta tasa de desempleo juvenil y el coste de alquilar un piso.
>
> 3   Cuanto más tardan en emanciparse, más tardan en tener hijos. / Al tardar más en emanciparse, tardan en tener hijos.
>
> 4   Si los jóvenes viven con sus padres demasiado tiempo encuentran difícil (el) asumir la responsabilidad de ser (un) adulto.

4 Answers will vary.

1.2 A: Actitudes hacia el matrimonio y el divorcio

1 Answers will vary.

2a Escucha lo que dicen unos españoles sobre la convivencia. Anota sus opiniones y decide quiénes están a favor, y quiénes están en contra, y quiénes ven ambos lados del asunto.

Ana: a favor; Bea: ambos lados; Daniel: a favor; Carlos: a favor; Esteban: ambos lados; Francisca: en contra; Luisa: ambos lados; Isabel: en contra

> **Transcript**
>
> La convivencia: ¿Sí o no?
>
> — Ana, ¿qué piensas tú sobre la idea de convivir?
>
> — Ya vivo con mi novio, Daniel, y en nuestra opinión, no necesitamos que un sacerdote o un juez ratifique nuestro amor.
>
> — Y tú, Bea, ¿estás de acuerdo con Ana?
>
> — Bueno, claro que la cohabitación tiene sus ventajas porque si hay una ruptura hay menos trámites al final de la relación, pero al mismo tiempo si hay niños, hay que tenerlos en cuenta. Si los hay, creo que la situación cambia porque necesitan la seguridad ofrecida por el matrimonio.

> — Daniel, tú eres el novio de Ana, ¿verdad? Así que compartes su punto de vista. Sin embargo, ¿cómo reaccionas a lo que acaba de decir Bea con respecto a los hijos?
>
> — Pues como Ana y yo no queremos tener hijos, el argumento es irrelevante. Como dijo ella ¿por qué casarnos?
>
> — Sí, entiendo – ¿y qué piensas tú, Carlos?
>
> — Ya estoy divorciado y afortunadamente no teníamos hijos. Pero aunque ahora tengo una nueva pareja que está esperando nuestro primer hijo, no quiero arriesgar otro divorcio así que vamos a seguir conviviendo y espero que todo siga bien. En cuanto a los niños, a mi juicio no es asunto suyo si los padres están casados o no. Los niños son resistentes y superan los problemas – mis padres se divorciaron y no me afectó mucho.
>
> — ¿Qué opinas tú, Esteban?
>
> — Estoy a favor del matrimonio pero creo que es fundamental vivir juntos antes para que la pareja se conozca mejor y para prevenir futuros problemas. ¿Es lo que tú piensas también, Francisca?
>
> — Lo que acabas de decir es una opinión compartida por muchas personas, pero la verdad es que la convivencia antes del matrimonio no reduce el riesgo de divorcio, sino que incluso lo incrementa. Estadísticamente las parejas que cohabitan antes de casarse se divorcian más.
>
> — ¿Sí? ¿Quién lo hubiera creído? Luisa, ¿qué piensas?
>
> — Desgraciadamente la estabilidad familiar, la fidelidad y la idea de "hasta que la muerte nos separe" están perdiendo su credibilidad y por eso no creo que importe si se casa o se convive. ¿Estás de acuerdo, Isabel?
>
> — Yo creo que hay más estabilidad para los hijos si los padres están casados. Además soy creyente y por eso quiero seguir la doctrina de la Iglesia. Si yo viviera con mi novio mis padres estarían muy decepcionados.
>
> — Gracias a todos.

2b Answers will vary.

3a Lee el texto y busca palabras o frases que tengan el mismo significado.

1 al poco tiempo 2 el precio de la vivienda
3 un año escaso 4 dar el paso 5 de ahora en adelante
6 para soñar 7 ejercer 8 anticuados 9 enfrentarse
10 los gastos

3b Traduce las siguientes frases al español.

> **Suggested answers**
>
> 1 Susana y Miguel pasaron seis meses conviviendo antes de casarse.
>
> 2 Sus padres no querían que se casasen tan pronto.
>
> 3 En agosto ciento veinte amigos y parientes asistieron a la boda que se celebró en una iglesia preciosa en el campo.
>
> 4 Susana y Miguel saben que en el futuro la vida no será siempre un camino de rosas pero tratarán de enfrentarse a las dificultades juntos.

3c Answers will vary.

4a Completa el texto con la forma adecuada del pretérito de los verbos entre paréntesis.

tuvo, aprobó, recibió, fue, fueron, revocó, participaron, se declararon, se celebraron, solicitaron

4b Traduce al inglés estas palabras y frases.

1 majority support   2 both parties   3 imprisoned
4 the entry into law/coming into force

5a Answers will vary.

5b Answers will vary.

1.2 B: Actitudes hacia el matrimonio y el divorcio

1 Answers will vary.

2 Escucha este informe sobre la proporción de bebés nacidos fuera del matrimonio y decide si las frases siguientes son Verdaderas (V), Falsas (F) o No mencionadas (N).

1 V   2 N   3 F   4 F   5 V   6 V   7 N   8 N

> **Transcript**
>
> La proporción de bebés de madre no casada se duplica en una década.
>
> Ya no resulta extraño. Tener hijos sin pasar previamente por el altar o el juzgado es un modelo en boga. Tanto que uno de cada tres bebés nace ya fuera del matrimonio en España, el doble que hace 10 años. La caída de las bodas y el auge de las uniones de hecho, la maternidad buscada en solitario, la inmigración y la secularización de la sociedad están detrás de este fenómeno en el que

> España ya se acerca a la media de la Unión Europea. Iguales ante la ley desde que en 1981 el Código Civil eliminó las diferencias entre los niños por el estado civil de sus padres, la proporción de bebés nacidos fuera del matrimonio (entonces el 4,4%) ha subido como la espuma. Y lo ha hecho especialmente en la última década: en 2000 eran el 17,7% de los nacidos. En 2009, último año con datos del Instituto Nacional de Estadística, habían subido al 34,5% (170.604 bebés).

3a Antes de leer el siguiente texto, empareja estas palabras del texto con sus sinónimos y tradúcelas al inglés.

1 b to revoke
2 d after
3 f feasible, possible
4 c violation
5 e figures
6 a to increase, to shoot up

3b Lee y traduce el texto al inglés.

> **Suggested answer**
>
> In 1981, 45 years after the first divorce law in Spain was revoked, the government again allowed marriages to end provided that it was clear that, after a substantial period of separation, reconciliation was not feasible, and after the effective cessation of cohabitation of the parties or the serious or repeated violation of marital duties were shown. In 2005 the controversial 'Quick Divorce' law came in and figures shot up by 42% in comparison with the previous period.
>
> In Spain there are two types of divorce, one which proceeds by the mutual agreement of both spouses and the other which is lodged unilaterally (contentious).

4a Este fragmento de "Así es la vida, Carlota", de Gemma Lienas, una novela para adolescentes, cuenta el momento en que Carlota aprende que sus padres van a separarse. Léelo y luego busca las frases o palabras que tengo el mismo significado.

1 se dio la vuelta
2 los ojos hinchados
3 a piel de gallina
4 un encendedor
5 observé de reojo
6 sin ambarges/al grano
7 estupefacta

4b Answers will vary.

4c Answers will vary.

1.3 A: La influencia de la Iglesia Católica

1 Discute estos puntos con tus compañeros/as.

Points that could be mentioned:

- In the past, religion played a very important role in the life of the majority of the population here in the UK; but during the second half of the twentieth century its importance began to diminish in the lives of many people. Nevertheless, even today many people still practise their religion faithfully. In our society there are people of many faiths other than Christianity.

- Religion can contribute much, both culturally and morally, and a large part of the history of a country centres round religion. Religion has also had an influence on culture, art, literature, etc.

- It is customary to think of Spain as a Catholic country, although it is an increasingly secularised society.

2a Lee el texto. Luego empareja estas palabras del texto con sus sinónimos.

1 c 2 e 3 a 4 h 5 g 6 b 7 i 8 d 9 f

2b Contesta estas preguntas sobre el artículo.

1 Perduró unos setecientos años
2 porque quisieron restablecer la religión católica como la única verdadera fe
3 students' own answers

2c Traduce las siguientes frases al español.

Suggested answers

1 En el sur de España hay muchos edificios famosos que fueron construidos por los moros.
2 Antes de la invasión en el siglo ocho, España se componía de varios reinos.
3 Después de setecientos años, los Reyes Católicos, Fernando e Isabel, reconquistaron Al-Ándalus.
4 Desde la Reconquista, España ha sido un país católico.
5 La herencia de los moros sigue siendo/es todavía importante en España.

3 Completa las frases con la forma adecuada del pretérito o del imperfecto de los verbos entre paréntesis.

1 reinaron 2 se componía 3 era OR fue, expulsaron
4 asistieron 5 tenían, murió, empezó

4 Escucha este informe sobre el papel de los españoles en la conversión al cristianismo en el nuevo mundo. Luego contesta las preguntas.

1 partes de América Central y Sudamérica y también partes de lo que conocemos como EEUU, por ejemplo, California
2 a la mente, rascacielos, orígenes, estrellas de cine, puñado, costas
3 a convertir a los nativos al catolicismo
  b con el Papa
4 a construyeron misiones
  b como salvajes
  c al número de indios convertidos al abrir la última misión

Transcript

El papel de los españoles en la conversión al cristianismo en el nuevo mundo

1 Normalmente las referencias a los Conquistadores españoles se hacen con respecto a América Central y Sudamérica pero lo que quizás sorprenda más, es que los españoles fueron responsables también de la colonización de lo que llamamos hoy día los Estados Unidos – más concretamente, California.
2 Con una simple mención de aquella parte del mundo enseguida nos vienen a la mente imágenes de rascacielos, playas con surfistas o actores de Hollywood. Sin embargo, los orígenes de esa tierra nada tienen que ver con el inglés ni con el "brillo" de las estrellas de cine. Aunque sorprenda, fueron un puñado de hispanos católicos los que, a finales del siglo dieciocho, ocuparon el territorio y dieron nombre a sus ríos, costas y montes.
3 Un requisito de la colonización del "nuevo mundo" por España fue el deber de difundir el poder de la religión católica. Según el tratado firmado entre el Papa y los Reyes españoles, la conquista y el establecimiento de cualquier territorio nuevo bajo la corona española tenía que incluir un intento por parte de la corona de convertir al catolicismo a los indígenas que habitaban las tierras nuevamente adquiridas. Es decir: el poder conquistador tenía que evangelizar.
4 Con esa meta, entre 1769 y 1823 grupos de monjes franciscanos fundaron 21 misiones a lo largo de lo que se llama el "Camino Real" donde "rescataban para el cristianismo" a los "salvajes" – que es como consideraban a los indígenas. Al abrir la última misión, ya habían cristianizado a unos 31.000 indios nativos.

5 Answers will vary.

1.3 B: La influencia de la Iglesia Católica

1 Answers will vary.

2a **Lee este artículo. Luego empareja estas palabras del texto con sus sinónimos.**

1f 2d 3e 4a 5h 6b 7c 8g

2b **Contesta las siguientes preguntas.**

1 La desafección de los españoles hacia la religión se ha acelerado.

2 España dejará de ser un país católico.

3 Durante la dictadura el catolicismo fue obligatorio y ahora es más relajado.

4 Las iglesias se vaciaron.

5 El 90% de la población se consideraba católico.

6 Fue más notable entre los jóvenes.

7 El porcentaje ha caído del 82 a 48 por ciento – una caída de 34 puntos.

3a **Escucha los motivos por los que los jóvenes dejan la iglesia y anota seis razones.**

Refer to points 1–6 in the transcript.

3b **Escucha otra vez y decide si las frases son Verdaderas (V) o Falsas (F). Corrige las frases que sean falsas.**

1F 2V 3F 4V 5F 6V 7V 8F

Suggested corrections for false statements:

1 El estudio aborda un problema que existe en todas las iglesias cristianas.

3 Los adolescentes tienen una experiencia poco profunda de la fe.

5 A los jóvenes les parece que la iglesia tiene un concepto simplista y prejuicioso sobre la sexualidad.

8 Las iglesias están más en sintonía con los jóvenes tradicionales.

Transcript

¿Por qué los jóvenes dejan la Iglesia? Seis razones.

— Un estudio sobre las razones que hay detrás del abandono eclesial por los jóvenes muestra que no se centran solo en el abandono de la Iglesia Católica, sino que abordan un problema que existe en todas las iglesias cristianas. El estudio revela seis razones fundamentales:

1 Las iglesias parecen sobre-protectoras. Se demoniza lo que no esté en sintonía con el cristianismo.

2 Los adolescentes y veinteañeros tienen una experiencia poco profunda de la fe.

3 Las iglesias se presentan como antagonistas de la ciencia.

4 Los jóvenes cristianos experimentan que las iglesias tienen un concepto simplista y prejuicioso sobre la sexualidad.

5 Las iglesias son poco amigas de quienes dudan.

6 Las iglesias están más en sintonía con los jóvenes tradicionales que con aquellos que viven su vida según la modernidad. El estudio también nos dice que las iglesias no están preparadas para relacionarse con aquellos jóvenes que viven la vida "normal" de nuestro tiempo.

4a **Lee el reportaje a la derecha y da tu opinión sobre cada uno de los tres temas.**

Suggested answer

Basic pros and cons of each issue might include:

Premarital sex:

- Today it is considered normal. It is accepted.
- Why wait until you are married? Today marriage is not as important as it once was and many people live together instead of getting married.
- It could lead to promiscuity.
- There is a lot of pressure on young people; not all of them want to enter into sexual relations at a young age.
- For religious people, it is important to wait until marriage.

Homosexual relations:

- These days we understand that not everyone shares the same sexual orientation; and for this reason it is good and natural to accept homosexuality.
- The legalisation of gay marriage has been a good thing as now gay and lesbian couples are not treated as second-class citizens.
- There are people who still do not accept homosexuality, but in general opinion is shifting.

Abortion:

- The mother should be able to decide whether she wants to keep the child.
- If there are foetal abnormalities, the mother should have the right to terminate the pregnancy.
- The mother should have the right to terminate the pregnancy if she already has a lot of children and cannot afford to support any more or if she does not want any more children.
- The mother should have the right to terminate if the pregnancy is the result of rape.

- The foetus is a potential human being, it has a right to life and no one should be allowed to kill it.
- Abortion can have a negative impact on the physical and mental health of the mother.
- Some women treat abortion almost as an alternative form of contraception.
- What we need to promote is sexual responsibility not abortion.

4b Traduce el tercer párrafo del texto.

Suggested answer

Abortion: 55% of young people consider that abortion due to health issues is never wrong and 23% consider it is only wrong under specific circumstances. Only 17% of young people consider that voluntary abortion for health reasons is always wrong. Percentages vary in the case of abortion for financial reasons but even so, 59% of young people accept it in all cases or in the majority of cases, whilst 29% always reject it.

4c Con un(a) compañero/a, discute las estadísticas.

Suggested answers

- Young people do not agree with the church's position.
- Most young people do not consider premarital sex to be wrong.
- Most of them accept homosexual relationships.
- Most of them have an open attitude to abortion: they do not condemn it outright.
- All these opinions are at odds with the teaching of the Catholic church.

Final query: students' own answers.

5 Answers will vary.

Repaso: ¡Demuestra lo que has aprendido!

1 Estas palabras y frases han aparecido en las secciones sobre los valores tradicionales y modernos. Emparélas con sus definiciones.

1 g 2 m 3 l 4 h 5 b 6 n 7 i 8 a 9 c 10 f 11 d 12 e

2 Empareja el año con el acontecimiento.

1 f 2 d 3 g 4 b 5 h 6 a 7 c 8 e

3 Answers will vary.

4 Empareja las dos partes de las siguientes frases.

1 e 2 c 3 a 4 d 5 b

Repaso: ¡Haz la prueba!

1 Traduce este texto al inglés.

Suggested answer

In Spain, although more and more civil ceremonies rather than religious ones are taking place, many couples prefer the religious ceremony as it is prettier/more attractive.

Formerly it was traditional for the couple to buy a flat before getting married which they would move in to after the wedding, but nowadays many couples live together before getting married. However, when they decide to get married the tradition is for the fiancé to present his bride to be with an engagement ring and for her to give him a watch or some cufflinks.

Before the wedding it is usual for the groom to have a stag night and the bride to have a hen night. Now it is very popular to go away for a weekend to have a good time with close friends.

2 Completa el texto, escogiendo la palabra más apropiada de la lista.

1 altar 2 intercambio 3 monedas 4 religiosa
5 alianzas 6 dedo 7 típica 8 regalar 9 boda
10 gastar 11 comida 12 menú 13 pescado
14 carne 15 postre

3 Answers will vary.

4a Lee el reportaje sobre la boda de los Reyes de España, Felipe VI y Letizia. Completa los huecos 1–7 con la forma adecuada del pretérito y completa los huecos 8–11 con la forma adecuada del imperfecto de los verbos entre paréntesis.

1 se celebró 2 asistieron 3 tuvo 4 fue 5 entró 6 llegó
7 fue 8 lucía 9 era 10 llevaba 11 mezclaban

4b Después de completar el texto, lee las siguientes frases y decide si son Verdaderas (V), Falsas (F) o No mencionadas (N).

1 V 2 N 3 F 4 F 5 V 6 N 7 V 8 V 9 N 10 V

5 Traduce las siguientes frases al español. ¡Escoge los tiempos de los verbos con cuidado!

> **Suggested answers**
>
> 1 En el pasado la mayoría de los españoles eran católicos y mucha gente iba a misa todos los domingos.
>
> 2 Hasta las últimas décadas del siglo veinte el esposo era el cabeza de familia y proveedor principal.
>
> 3 Durante la dictadura, el divorcio y el aborto eran ilegales.
>
> 4 Muchos españoles todavía recuerdan exactamente qué hacían cuando oyeron la noticia de la muerte de Franco.
>
> 5 Por fin, en 1981, el gobierno español introdujo una nueva ley que permitió el divorcio.
>
> 6 Los Moros construyeron muchos edificios hermosos como la Alhambra de Granada y la Mezquita de Córdoba.
>
> 7 Hoy en día menos del 25% de los jóvenes españoles se describen como religiosos y más del 60% dice que no va nunca a la iglesia.

6 Lee el texto y busca las frases o palabras que tengan el mismo significado.

1 una peregrinación 2 raíces 3 un peregrino
4 la tumba 5 la leyenda 6 un pastor 7 imponente
8 emprender 9 emanar (de) 10 un reto 11 inolvidable

7 Escucha la entrevista con María Lourdes, una chica que hizo el Camino de Santiago recientemente. Contesta las preguntas después de cada parte de la entrevista.

7a Primera parte

1 tu propia experiencia interior
2 magia
3 los sonidos, la brisa fresca, el verde de las tierras

7b Segunda parte

4 en algunos albergues e iglesias
5 iglesias/albergues/ (algunos) bares

7c Tercera parte

6 ampollas
7 surgen amistades – e incluso el amor / cuando escuchas las historias de las personas que conoces en ruta, te hace reflexionar / había momentos de risas, de emoción, de tristeza (llanto)

Transcript

Primera parte

— María Lourdes, ¿Qué significó para ti esta experiencia?

— Soy católica y por razones de mi fe tenía ganas de hacer el Camino. A mi parecer lo verdaderamente importante no es en sí la ruta física, sino el camino del caminante, tu propia experiencia interior en contraste con lo que la ruta te va ofreciendo por fuera. El Camino tiene la rara virtud de estar hecho a la medida de cada uno. Sí; para mí lo religioso es importante pero la experiencia ofrece algo distinto a cada participante.

Simplemente, el Camino es magia. Hay que llevar bien abiertos los ojos para poder admirar con detenimiento las maravillas que nos ofrece la madre naturaleza; sus sonidos, la brisa fresca de la mañana, el verde de aquellas tierras...

Segunda parte

— ¿Puedes explicarme lo que es la credencial?

— La Credencial del Peregrino es una libreta de papel que se puede obtener en algunos albergues e iglesias.

El objetivo es sellarla un par de veces al día, para que el peregrino consiga la acreditación necesaria para alojarse en los albergues del Camino. Se puede sellar en iglesias o albergues. Incuso hay bares con su propio sello.

Tercera parte

— Háblame un poco más de tu experiencia:

— Bueno, en el Camino se aprende a valorar las pequeñas cosas, esas que echamos de menos cuando las perdemos. Mentiría si dijese que al principio no fue duro, primero el cuerpo cansado te manda señales – ampollas por ejemplo. Luego empiezas a preguntarte: "¿Qué hago aquí con lo bien que estaría en mi casa?" Pero ves que no estás solo porque el recorrido está lleno de gente (a pie, en bici, a caballo, solos o en compañía) que por diversos motivos hacen el Camino. Estas personas, sus vidas, sus historias... te harán reflexionar. Surge la amistad, el compañerismo e incluso a veces... el amor.

En dos semanas que duró nuestra aventura había momentos de todo; pude caminar sola, en silencio, en medio de aquella naturaleza que cada mañana me dejaba atónita. Caminé en compañía de mis amigos de grupo. Mi grupo se cruzó con nuevos viandantes. Había momentos de risas en el albergue, momentos de llanto y emoción. ¡Y qué bien se come en el norte!

8 Answers will vary.

2 El ciberespacio

Introductory spread

1 **¿Qué es el ciberespacio? Descifre las palabras para crear una definición.**

Es el ámbito artificial creado por medios informáticos.

2 **¿Sabes las partes de un ordenador? Empareja cada nombre con un objeto.**

1 d 2 e 3 f 4 c 5 h 6 a 7 i 8 k 9 g 10 l 11 b 12 j

3 **Lee las definiciones y decide qué parte del ordennador describe cada una.**

1 el ratón 2 los altavoces 3 la impresora 4 el teclado
5 el micrófono

4 **Sin usar un diccionario, ¿cuántas de las siguientes palabras reconoces? Compara tus respuestas con las de un(a) compañero/a.**

The translations are: bandwith; to type your password [literally, write your password]; to check your email; cyberspace; internet user/ web surfer; laptop; to connect/ go online; wireless

5a **¿Positivo o negativo? Decide si los siguientes usos son una influencia P o N para la persona. Algunas pueden ser ambos Aputa P, N, or P+N.**

1 P+N 2 N

3 P (para estudiar/hacer tareas) + N
(si no se controla bien)

4 P+N 5 N 6 N 7 P+N

8 P (para las familias muy ocupadas, los discapacitados) + N (puede causar adicción)

9 P 10 P

5b Answers will vary.

2.1 A: La influencia de Internet

1a **Antes de leer el artículo, empareja cada palabra española con su equivalente en inglés.**

1 e 2 a 3 d 4 b 5 f 6 c

1b **Lee el artículo y contesta las preguntas.**

1 la compañía Simple Lógica

2 para analizar el uso digital de los españoles mayores de 75 años

3 informarse

4 prefieren la atención personal

5 students' own answers

6 la ausencia de medios para hacerlo, les resulta muy complicado y la falta de garantías de seguridad

7 students' own answers

1c **Lee otra vez el artículo y explica, usando tus propias palabras, qué se refieren las siguientes cifras.**

1 El porcentaje de personas mayores que usa Internet para informarse.

2 El porcentaje que realiza por Internet gestiones bancarias.

3 El porcentaje que realiza por Internet gestiones administrativas.

4 El porcentaje de los que les resulta muy complicado usar Internet.

5 El porcentaje que no navega por Internet en el ámbito rural.

6 El porcentaje que no navega por Internet en las grandes ciudades

1d **Traduce los dos últimos párrafos al inglés.**

Suggested answer

If the profile of internet users among the elderly is analysed, men are the predominant users. Among older people who do not use the internet, the most common reasons for not doing so are linked to a lack of resources to do so. 13% say it is very complicated and only a minority refer to security issues.

Finally, it appears that 'not surfing the internet' is a reason for not being internet users that is mentioned by a significantly greater proportion of older people in rural areas (28.0 %) and in small cities (24.3%) than in big cities like Madrid and Barcelona (13.9%).

2 **Escucha este reportaje y contesta las preguntas en español.**

1 porque crece a un ritmo galopante

2 eMarketeer dice que el número de latinoamericanos que usa Internet ha crecido.

3 El usuario promedio pasa, en un mes, 24 horas conectado, visita 1.795 sitios y entra a Internet 50 veces.

4 Es el país con mayor penetración de la región.

5 los móviles y las tabletas

6 Se realiza menos compras en línea en América Latina que en Europa.

6 porque Tepito es uno de los principales sitios de producción de discos piratas

2 Answers will vary.

Transcript

El uso de Internet continúa aumentando a un ritmo galopante en todo el mundo pero sobre todo en América Latina. Actualmente, la web ya alcanza el 38,4% de los latinoamericanos y se espera que pronto llegue al 53,4%, según información estadística de eMarketeer, la compañía asignada para hacer este informe.

El típico usuario pasa conectado 24 horas al mes, visita 1.795 sitios y entra a Internet unas 50 veces. Argentina es el país de la zona donde más se utiliza – el 66,4% de la población es usuaria de Internet, le siguen Colombia y Chile.

El uso de aparatos como móviles y tabletas para navegar por Internet también sigue creciendo, pero esta vez es Puerto Rico quién lidera, el 7,7% del tráfico se hace por vía de estos medios. Lo único en lo que América Latina parece estancarse es en las compras en línea ya que solo el 31,7% de los internautas las hizo usando este método el año pasado. En Estados Unidos y Europa esta cifra fue del 70%.

Transcript

El formato digital es por primera vez en la historia la manera en la que los españoles más música compran, debido al auge del streaming. El 53,9% de toda la música que se escucha en España es digital. En lo que va de año, la venta acumulada sube a 70,6 millones de euros mientras que la venta en soportes físicos como los CD y los vinilos por ejemplo, se desinfla un 4,9 por ciento al pasar de 33,2 a 31,6 millones de euros en la última década.

Una de las razones por las que el formato físico ha descendido es la piratería. Se espera que el streaming acabe con este problema ya que hoy en día en España, cualquiera puede acceder a cualquier catálogo gracias a los servicios on line que permiten descargar y escuchar contenido off line a un precio fijo.

También el tenor español Plácido Domingo, gracias a su prestigio, fue elegido recientemente por el Gobierno como el portavoz de la lucha contra la piratería. Se espera que pueda ayudar a solucionar la situación en España, que es considerada como una de las más graves de Europa.

Lo bueno del streaming es que hay una gran variedad de música disponible. Para los amantes de la música española, Rockola es una radio on line que destaca por su extenso catálogo de música en español de todas las décadas, como las de los años 80 y 90 del siglo pasado.

3 Completa las frases con la forma adecuada del presente o del presente continuo de los verbos entre paréntesis.

1 navega 2 ayuda; busco / estoy buscando 3 suele
4 descargan 5 subimos / estamos subiendo 6 preferís
7 es; puede

3 Traduce este texto al inglés.

Suggested answer

The most effective measures against piracy according to internet users are to block access to the website that offers the content and develop social awareness campaigns. Other measures, in the opinion of consumers, are to sanction the operators and internet access providers as much as the offending users, either with fines or by restricting their use of the internet.

4 Answers will vary.

5 Answers will vary.

2.1 B: La influencia de Internet

1 Lee este artículo sobre la piratería y contesta las preguntas usando tus propias palabras.

1 a la entrada de cualquier estación de metro, en un mercado o el centro de la ciudad

2 Planea instalar kioscos digitales donde comprar descargas legalmente.

3 para romper el círculo vicioso que hace posible la venta ilegal de contenidos

4 No, también se ofrecerá en otras ciudades latinoamericanas

5 para hacer accesibles los productos

4a Completa el texto sobre el consumo televisivo por Internet en España, escogiendo de la lista la palabra más apropiada. ¡Cuidado! Hay más palabras que huecos.

1 identifica 2 consumidores 3 gana 4 programación
5 da 6 televisiva 7 necesidades 8 reducido
9 programa 10 aparato

4b Traduce estas frases al español.

> **Suggested answers**
>
> 1 Cada vez más personas usan (el)* Internet para ver sus programas favoritos.
>
> 2 Prefiero ver películas en el cine ya que (porque) la pantalla es más grande.
>
> 3 Mi dispositivo preferido es el portátil.
>
> 4 A los teleespectadores les gusta cambiar la manera en que ven los programas.
>
> 5 A mi hermano le interesa la televisión bajo demanda.
>
> *In this book, 'Internet' has been used without an article in line with the AQA specification. However, the article is widely included in Spanish.

5 Answers will vary.

2.2 A: Los móviles inteligentes en nuestra sociedad

1 Answers will vary.

2a Answers will vary.

2b Lee otra vez el artículo y traduce el último párrafo al inglés.

> **Suggested answer**
>
> Antonio Ramos, head teacher of the Parque de Goya school in Zaragoza, one of the pioneers in the development of intervention programs for improving community life in schools says that social networks allow students to be part of the group, interact and control their own image, but you have to make them aware of the risks social networking represents. Therefore, in his school they have created a team of 'cyber helpers'; a group of students who give specific training on digital privacy and good practices so that they are the ones who help other students. This system also helps identify and prevent situations of bullying that occur on the net, and even solves them. 'They are not the police or snitches, but they can act to solve all sorts of issues', added Ramos.

3 Escucha esta conversación entre Jorge y Adela. Contesta las preguntas en español usando tus propias palabras.

1 Está comprando un móvil para su hijo porque es su cumpleaños pronto.

2 el 30%

3 Deben enseñarles cómo utilizar un móvil de forma responsable.

4 Le daría más tranquilidad.

5 No se les tendría que dar barra libre para hacer lo que quieran con un móvil.

6 Dice cómo se tienen que usar las nuevas tecnologías.

7 porque pensaba que no sabría aprovecharlo / No quería darle algo tan costoso.

8 unos 100 euros

9 Temía que si su hijo perdiera su móvil alguien lo encontraría con toda su información personal.

10 Los mejores móviles para menores deberían ser resistentes a los golpes y al agua, con control parental o con GPS para localizar al móvil o al niño, en caso de pérdida.

11 Si descargan aplicaciones, tienen que tener el permiso de los adultos para abrirlas.

12 No, porque los padres pueden establecer un límite de minutos en el móvil de sus hijos.

> **Transcript**
>
> ¿Qué móvil es apropiado para mi hijo?
>
> — ¡Hola Adela! ¿Cuánto tiempo hace que no nos vemos? ¿Qué haces?
>
> — Hola Jorge, ¿qué tal? Estoy buscando un móvil para mi hijo Miguel porque es su cumpleaños pasado mañana y quiere un móvil. Pero hay tantos que no sé cuál comprarle.
>
> — ¿Qué edad tiene tu hijo?
>
> — Va a cumplir once años.
>
> — ¿No crees que es un poco joven para tener un móvil?
>
> — Quizás, pero todos sus amigos tienen uno y pienso que ya es hora de que él también tenga uno. Leí en un artículo que el 30% de los chavales españoles de 10 años tiene teléfono y no tiene por qué ser algo malo, siempre que los padres enseñen al niño cómo usarlo. Para mí, es más por si me tiene que llamar en caso de emergencia. Me daría más tranquilidad saber dónde está y qué está haciendo cuando está fuera.
>
> — Sí, lo comprendo pero muchos padres no les enseñan a sus hijos cómo usar el móvil. Tienen que dedicarle tiempo y establecer un sistema para que

el niño aprenda a utilizar de forma correcta esta tecnología. En mi opinión, no se les puede dar barra libre porque así es como surgen los problemas.

— Tienes razón, pero ¿qué le digo? No tengo ninguna experiencia sobre estas cosas.

— Hay un proyecto que se llama Pantallas Amigas que da sugerencias de cómo usar las nuevas tecnologías de un modo seguro y saludable.

— Gracias Jorge, cuando vuelva a casa voy a entrar en su web para ver lo que dicen. De todas formas, aún no sé qué móvil comprarle y la tienda cierra dentro de una hora. ¿Tú tienes un hijo, no?

— Sí, tiene dieciséis años, pero no le dejé tener móvil hasta que cumplió los 14 años.

— ¿Qué marca le compraste?

— La verdad, no le compré uno de esos modernos "smartphones" porque para empezar, pensé que no sabría aprovecharlo. Tampoco estaba preparado para tener algo tan caro.

— ¿Cuánto te gastaste entonces?

— Como no es lo mismo perder un móvil de 900 euros que uno de 200, le regalé uno de esos móviles más sencillos que me costó unos 100 euros. Además, temía que si lo perdiera algún día, alguien lo encontraría con sus datos personales o las fotos que hubiera guardado dentro.

— Sí, es verdad. Deben empezar a aprender a apreciar lo que tienen y a ganarse lo que quieren. Hay que aprender que no todo se consigue tan rápido.

— Mira Adela, existen una multitud de modelos apropiados que han sido diseñados para menores, resistentes a los golpes y al agua, con control parental o con GPS para localizar ambos, al móvil y al niño, en caso de pérdida. Al fin y al cabo, si todos sus amigos tienen móvil y él no, tu hijo se puede sentir apartado del grupo.

— Lo que más temo es que descargue aplicaciones inapropiadas. Ya sabes que hoy en día los jóvenes saben manejar la tecnología mejor que nosotros.

— No te preocupes. Por casualidad, he encontrado un móvil en el que todas las aplicaciones que los niños descarguen, solo podrán abrirse después de que un adulto las haya aprobado. Lo mismo ocurre con las páginas web, solo podrán ser gestionadas por los padres.

— Tampoco quiero que se pase las horas muertas hablando o jugando con el móvil.

— Puede pasar pero en algunos aparatos es posible configurar un límite de minutos de llamada y de juego, así aprendería a apreciar mejor su móvil.

— Jorge, eres una maravilla. ¿Y cómo sabes tanto de móviles?

— Acabo de conseguir un trabajo con una compañía telefónica y mi especialidad es vender móviles a padres preocupados como tú.

4 Traduce al español las siguientes frases usando el comparativo o el superlativo.

Suggested answers
1 Ana pasa más tiempo en el móvil que Sara.
2 Mi teléfono es más fácil de usar que tú teléfono/ el tuyo.
3 El móvil de mi hermano tiene tantas aplicaciones como el móvil de mi padre.
4 Gasto/ Me gasto menos de 10 euros al día en mi móvil.
5 Usamos nuestros móviles más ahora que en el pasado.
6 WhatsApp es la mejor aplicación para comunicarse

5a ¿Conoces el lenguaje SMS español? Empareja cada abreviatura con la palabra o frase más apropiada.

1 f 2 e 3 a 4 c 5 b 6 d

5b Answers will vary.

6 Lee los dos opiniones. Luego escribe unas 200 palabras contestando la pregunta: ¿Qué es lo bueno y lo malo de los móviles?

Suggested answers
Advantages of mobile phones:
• They can be used in an emergency.
• They can be used to surf the net without logging onto a PC.
• They have multiple functions, e.g. camera, calendar etc.
Disadvantages:
• They can be a cause of danger, e.g. if drivers text as they are driving.
• They can be costly, e.g. people want to have the latest model.
• People can spend too long on their phone/ obsessed with technology.

2.2 B: Los móviles inteligentes en nuestra sociedad

1a Empareja cada palabra inglesa con su equivalente en español.

1 f 2 a 3 e 4 b 5 h 6 c 7 d 8 g

1b Con tu compañero/a, traduce al español este texto. Utiliza las palabras de la actividad 1a.

Suggested answer

España está lanzando una campaña para reciclar millones de teléfonos móviles viejos. Está liderada por una mascota conocida como "Tragamóviles", un móvil gigante que pone otros móviles en una bolsa. La campaña está visitando ciudades de más de 50.000 habitantes. El Gobierno dice que el objetivo es recoger 100 toneladas de teléfonos móviles el primer año. La batería, que es la parte más peligrosa, se separa para darle un tratamiento especial. El resto se pulveriza y es reutilizado en la fabricación de la próxima generación de teléfonos móviles.

2 Answers will vary.

3 Lee estos problemas (1–6) y emparéjalos con los consejos (a–i). ¡Cuidado! Sobran consejos.

1 e 2 i 3 a 4 c 5 g 6 d

4 Escucha a cinco estudiantes hablar de sus móviles. Decide quién dice qué. Apunta (M) María, (A) Antonio, (N) Natalia, (C) Cristóbal o (J) Julia.

1 A 2 M 3 C 4 M 5 C 6 N 7 J

Transcript

— Buenas tardes y bienvenidos a nuestro programa. Hoy hablamos con cinco estudiantes que nos hablan de sus móviles. Empezamos con María. Hola María, me dices que acabas de cambiarte de móvil, ¿por qué?

— Hola. Sí así es. Tenía uno de esos móviles más sencillos pero al cumplir los dieciséis años mis padres me regalaron un teléfono inteligente. Y la verdad, me ha cambiado totalmente la vida. Ahora lo hago todo desde el móvil. Por ejemplo, accedo a Internet, descargo aplicaciones que me ayudan con mis tareas escolares. La única desventaja es que ahora he visto que mi factura ha subido muchísimo.

— Muchas gracias María. Y ahora le toca a Antonio. Dime Antonio, me imagino que tienes móvil, ¿pero crees que siempre trae beneficios?

— Pues la verdad es que creo que es imprescindible para emergencias y trae seguridad pero me enoja cuando veo a la gente conectada a sus móviles en el tren, por ejemplo, ya que no interactúa. Están pegados a sus teléfonos, o jugando a juegos que descargan o viendo lo que sus amigos están haciendo en alguna red social. Es muy triste que estos aparatos hayan causado aislamiento social.

— Sí tienes razón Antonio. Ahora tenemos a Natalia. Hola Natalia, ¿qué tal?

— Muy bien gracias. Pues yo llevo unos dos años con el móvil que tengo pero debería cambiarlo, no por necesidad sino porque todos mis amigos tienen el último modelo y el mío está bastante anticuado. No podría sobrevivir sin mi móvil pero reconozco que ha empezado a afectar a mi ortografía, es decir que noto que corto palabras y algunas veces hago lo mismo en mis ensayos.

— Vaya Natalia, tienes que tener más cuidado. Bueno ahora pasamos a Cristóbal. Hola.

— Hola. Pues yo estoy muy contento con el móvil que tengo. Tiene bastante capacidad para guardar todo lo que quiero como fotos, música y archivos. Sin embargo, lo malo es que cada dos por tres se me rompe la pantalla. Tienes que tener mucho cuidado porque cuesta un ojo de la cara poner una pantalla nueva. En el colegio están prohibidos pero muchos los usan a escondidas.

— Muchas gracias Cristóbal. Y para terminar tenemos a Julia. Buenas tardes Julia.

— Hola a todos. Pues tener un móvil hoy en día es como si tuvieras un ordenador en tus manos. Además, no me puedo creer lo que ha cambiado esta tecnología. Recuerdo el primer móvil que tuve – ¡lo que pesaba! Ahora son más ligeros. Sin embargo, tengo que estar constantemente cargándolo y si lo uso antes de ir a la cama, después no puedo dormir bien. He leído que no se debería usar los móviles al acostarse pero yo lo hago.

— Bueno pues muchas gracias a todos por hablarnos hoy sobre los móviles. Tantas opiniones... pero lo que sí es seguro es que estos aparatos ya forman parte de nuestras vidas.

5 Elige el verbo más apropiado.

1 está 2 están 3 estoy 4 está 5 es 6 estamos 7 es 8 estoy 9 son 10 eres

6 Answers will vary.

2.3 A: Las redes sociales: beneficios y peligros

1 Answers will vary.

2a **Lee este artículo y contesta las preguntas.**

1 El mayor problema es que aunque mucha gente usa Facebook, el 14 % de usuarios que tiene cuenta no usa esta red social.

2 Uno de cada diez deja de usar Twitter porque no entiende cómo usarlo.

3 El número de españoles que usa Instagram ha aumentado del 15% al 65%.

4 Los usuarios de Facebook utilizan la red para chatear y subir fotos y vídeos.

5 El problema es que, aunque casi un cuarto de usuarios tiene cuenta, Twitter es una red social que se usa más para dar información que para comunicarse socialmente.

6 Myspace era más popular en el pasado, pero ahora solo un 2% la usa. Ha perdido usuarios.

2b **Traduce estas frases al español.**

Suggested answers

1 Mi red social favorita es Instagram.

2 Mi problema es que no entiendo/comprendo cómo usar Twitter.

3 Tengo cuenta en Facebook donde subo fotos.

4 Chateo con mis amigos en el extranjero en las redes sociales.

5 Myspace no es tan popular como antes.

3 **Escucha a seis personas hablar de las ventajas y desventajas de las redes sociales. Decide si cada opinión es positiva (P), negativa (N) o las dos (P+N).**

1 P + N 2 P 3 P + N 4 N 5 N 6 P

Transcript

1 Reconozco que las redes sociales han cambiado la manera en que nos comunicamos pero los jóvenes pierden la interacción con su entorno social y su familia.

2 Para mí, las redes sociales ayudan a superar la timidez y facilitan hacer amigos.

3 Con las redes sociales estamos mejor informados de lo que pasa en el mundo aunque a veces se leen algunas historias que son inverosímiles.

4 Conozco a amigos que se han convertido en víctimas de estafas y a los que se les ha suplantado la identidad.

5 Las redes sociales exponen a las personas a peligros con desconocidos. Creo que tienes que tener cuidado con quien hablas en línea. No es oro todo lo que reluce.

6 En mi opinión, las redes sociales mejoran las oportunidades laborales y de búsqueda de empleo. Además dan la oportunidad de trabajar desde casa.

4 **Traduce al español este texto. Ojo con el uso del futuro.**

Suggested answer

Las redes sociales han invadido todos los rincones de nuestras vidas a lo largo de la última década. Han desempeñado un papel importante en la amistad, los negocios, las noticias de última hora e incluso en la ruptura de relaciones. Pero, ¿cómo será el futuro? Nuevos sitios como Fashism, dan una idea. La gente publicará fotos de sí misma y le pedirá a otros que les aconseje sobre su aspecto. Los consumidores podrán colgar la ropa que se están probando en una tienda y si les queda bien, irán y lo comprarán. Sin embargo, una cosa no cambiará; la necesidad de tener cuidado cuando se está en línea.

5a **Lee este artículo y busca ejemplos de verbos en el futuro.**

buscarán podrá recuperarán será se articularán lograremos tendrán caminarán aspirará compartirá seguirán

5b **Traduce los dos últimos párrafos al inglés.**

Suggested answer

What is certain is that social networks will develop at the same rate as technological advances. The most active users of the internet will aspire to be connected at all times and to share their experiences, thoughts, photos, from wherever they happen to be.

And what about (internet) security? Will government organisations continue having the capability to spy on all our networking activity? Without a doubt. It is the one thing we can be sure of regarding the future of social networks.

6 Answers will vary.

2.3 B: Las redes sociales: los beneficios y peligros

1a Escucha a Sabrina hablar con su amigo Francisco sobre las redes sociales. Luego, haz un resumen en español de unas 70 palabras.

> **Suggested answer**
>
> *The good thing about social networks:*
> - Francisco likes to know what people are saying about Sabrina's blog.
> - She can chat to friends she made.
>
> *The bad thing about social networks:*
> - Youngsters spend too much time on sites.
> - They do not get good grades because they spend too long online.
> - Adolescents are chatting too much.
> - Stealing personal information.
> - Passwords are not good enough.
> - People tell lies online.
> - Life would be better without social networks.

Transcript

— Francisco, ¿qué estás haciendo?

— Estoy leyendo un artículo sobre las redes sociales. Vale la pena leerlo. Dice que actualmente, muchos adolescentes están pasando demasiado tiempo en línea en lugar de encontrarse cara a cara con sus amigos. Añade que generalmente están dedicando unas tres horas al día y por eso no están sacando buenas notas en sus estudios. Están chateando mucho y están perdiendo el tiempo.

— Pues, yo estoy en contra. Es verdad que uso las redes sociales de vez en cuando porque estoy escribiendo un blog y me gusta enterarme de los comentarios de los que leen lo que escribo. Además, creo que las redes sociales son una maravilla porque puedo chatear con amigos que hice durante las vacaciones el año pasado y ahora no los veo tanto. La verdad es que no sobreviviría sin Facebook.

— Sí, comprendo lo que dices Sabrina, pero el artículo está hablando de otros problemas que traen las redes sociales. Por ejemplo, los hackers están robando detalles personales para acceder a cuentas bancarias y eso es muy serio.

— Es verdad. La semana pasada noté que alguien me había robado dinero de mi cuenta. El problema es que la gente no usa contraseñas adecuadas, por eso he tenido que cambiar la mía. Yo recomendaría una que sea muy difícil de hackear, así no podrían acceder a información personal. ¿Qué harías tú si te suplantaran la identidad?

— No sé lo que haría. Estoy de acuerdo contigo que es imprescindible cambiar la contraseña a menudo. Por eso, en estos momentos la estoy cambiando. Sin embargo, otro inconveniente es que hay muchas personas que mienten en las redes sociales. Por ejemplo, una amiga mía solía hablar con un chico que creía que tenía su edad y al final resultó que era mucho más mayor. Pudo haber sido muy peligroso.

— Sí es verdad. Lo que importa es que cuando usemos las redes sociales tenemos que tener mucho cuidado. Los padres hacen mucho para proteger a sus niños pero aún queda mucho por hacer. A veces pienso que la vida sería mucho más fácil sin tecnología.

1b Escucha otra vez la conversación de la actividad 1a y apunta todos los verbos en el condicional que oigas.

sobreviviría recomendaría podrían harías haría sería

2a Antes de leer el artículo, empareja cade de estas palabras españoles con su equivalente en inglés.

1 f 2 a 3 d 4 c 5 b 6 e

2b Ahora lee el artículo. En cada una de las frases siguientes hay un error. Corrígelos.

1 más → menos
2 mejorado → revolucionado
3 expertos → estrellas
4 bajas → cuantiosas
5 bajan → sacan
6 quejarse → compartir
7 lee → busca
8 críticas → opiniones

3 Completa las frases con la forma adecuada del condicional de los verbos entre paréntesis.

1 vería 2 haríais 3 escucharíamos 4 usaría 5 subiría 6 moriría 7 leerían 8 viviría 9 pedirías 10 sería

4 Lee la introducción y el extracto del libro "El juego de Ripper" de Isabel Allende y completa el texto, escogiendo la palabra más apropiada de la lista.

1 reputada 2 sacudir 3 asesinatos 4 internautas 5 está 6 medianoche 7 había 8 dieciocho 9 vida 10 a

5 Answers will vary.

Repaso: ¡Demuestra lo que has aprendido!

1 Estas palabras han aparecido en esta unidad sobre "El ciberespacio". Empareja los sinónimos.

1 h 2 e 3 a 4 j 5 b 6 i 7 c 8 f 9 d 10 g

2 Completa las siguientes frases con la palabra apropiada de la lista. ¡Cuidado! Sobran tres palabras.

1 económico 2 adictos 3 trae 4 dolores 5 jóvenes
6 aislados 7 compra 8 familiares 9 navega 10 ha

3 Empareja las palabras y frases con su definición.

1 g 2 j 3 a 4 e 5 b 6 d 7 i 8 c 9 f 10 h

4 Empareja las preguntas (1–6) con las respuestas (a–h). ¡Cuidado! Sobran dos respuestas.

1 g 2 d 3 a 4 f 5 h 6 b

Repaso: ¡Haz la prueba!

1a Escucha la primera parte de este reportaje sobre el uso de los smartphones entre los jóvenes españoles y apunta la cifra apropiada.

1: 2,5% 2: 8–12 años 3: 31% 4: 82,3% 5: 4,8% 6: 3,8%
7: 23,6%

1b Escucha la segunda parte de este reportaje y haz un resumen en un máximo de 70 palabras en español de las recomendaciones que se ofrecen a los menores cuando se usa un smartphone. Responde con frases completas.

> **Suggested answer**
>
> - Children should not use smartphones too much as they can become addicted.
> - Parents need to lay down rules, because their children spend too much time on their phones, waste a lot of money on them or download inappropriate material.
> - Mobiles should not be used at meal times.
> - Children should not take mobiles to school.
> - It is important to explain to young people the dangers of sharing personal information with strangers.

Transcript

Primera parte

El uso de los teléfonos inteligentes por los menores.

Un estudio sobre seguridad y privacidad en el uso de los servicios móviles por los menores españoles ha revelado que el 2,5% de los menores ha sido objeto de ciberacoso a través de los teléfonos inteligentes por parte de otros menores.

Otros datos destacados del informe son:

— La edad media de inicio en la telefonía móvil por parte de los menores españoles se sitúa entre los 8 y los 12 años.

— El 31% de usuarios de más de 13 años usa teléfonos inteligentes.

— El 82,3% de los menores usa su móvil para hacer y enviar fotografías.

— El 4,6% de los menores encuestados reconoce que su imagen ha sido difundida por otros sin haber dado consentimiento.

— Un 3,8% de los menores afirma que ha recibido llamadas o mensajes de texto de adultos desconocidos que querían conocerles.

— El 23,6% de los menores dice haber sido objeto de perjuicio económico (estafas, fraudes, etc.) con su teléfono inteligente.

Segunda parte

El estudio da recomendaciones a los menores sobre las amenazas derivadas del uso inadecuado de los dispositivos de última generación. Primero, se debería evitar el uso excesivo o adictivo del smartphone.

Segundo, los padres deberían establecer normas de uso, por ejemplo el tiempo que sus hijos pasan en sus aparatos o el gasto mensual y los servicios disponibles. Tercero, no deberían usar los móviles durante las comidas. En cuarto lugar, los menores deberían dejar sus móviles en casa cuando van al instituto. Por último, debería explicarse a los jóvenes la importancia de la privacidad y los riesgos que pueden derivar de compartir información con desconocidos.

2 Traduce al inglés este artículo sobre cómo las redes sociales mantienen a esta cantante viva.

> **Suggested answer**
>
> US-born Latin singer Selena Quintanilla was known as the 'Queen of Tex-Mex music'. Twenty years ago, she was shot dead by her fan club manager Yolanda Saldívar.

Back then Facebook, Instagram and Twitter did not exist, but now millions of followers keep her memory alive on social media. On the anniversary of her death, many users are remembering the singer by using the hashtags #Selena1995 and #SelenaQuintanilla. 'It's crazy,' says Selena's father. 'Her fame keeps growing due to the power of the social networks.'

3 Lee este artículo sobre la telemedicina. Decide si las frases siguientes son Verdaderas (V), Falsas (F) o No mencionadas (N).

1 N   2 F   3 F   4 V   5 V   6 N

4 Utiliza el vocabulario para traducir este artículo al español.

Suggested answer

La polémica ley española, Ley Mordaza, ha sido criticada por los partidos de la oposición, jueces, abogados, ONGs y expertos en derechos humanos de la ONU y la UE.

La nueva ley va más allá de las calles y pone límites a lo que se permite en las redes sociales, uno de los principales canales para el movimiento de protesta social. A la gente que escribe en su cuenta de Twitter o Facebook que "habrá una manifestación hoy en la Puerta del Sol a las 7 de la tarde" se le puede considerar responsable de esa misma manifestación.

Además, van a ser introducidas penas de prisión para aquellos que difundan contenidos en las redes sociales que puedan afectar al orden público.

5 Practica la gramática que has aprendido. Traduce estas frases al español.

Suggested answers

1   Los teléfonos inteligentes están cambiando nuestras rutinas diarias.

2   Algunas personas encuentran difícil no comprobar sus emails hasta/incluso cuando están de vacaciones.

3   El gobierno español acaba de introducir una ley para evitar las manifestaciones en las redes sociales.

4   Ana pasa todo el día chateando por Internet.

5   La piratería está matando la industria de la música.

6   Muchos dicen que hoy en día la tecnología nos hace más perezosos.

7   Mi vida es más fácil con Internet.

8   Pido un libro por Internet y llega al día siguiente.

6 Answers will vary.

7a Lee el texto y las frases siguientes y decide si son Verdaderas (V), Falsas (F) o No mencionadas (N). Luego corrige las frases falsas.

1 F (Facebook acaba de poner/está poniendo en marcha el sitio web "Pon fin al acoso")

2 V   3 F (Está dirigido a todos)

4 N   5 V

7b Traduce al inglés el último párrafo (desde *'Además…'* hasta *'… atacados'*).

Suggested answer

Besides remembering the existing/current tools on the social network, such as privacy settings, the possibility of reporting contents, blocking or getting rid of users, the website also suggests ways of tackling conversations face to face with teenagers who can feel (as though they are being) attacked.

8 Answers will vary.

9 Answers will vary.

3 | La igualdad de los sexos

Introductory spread

1 Estos son los nombres de cinco personas que han ejercido un gran impacto en la lucha por la igualdad. Navega por Internet para buscar más información sobre ellos. Después, empareja cada nombre con su perfil a–e.

1 e   2 a   3 d   4 b   5 c

2 Completa el texto, escogiendo la palabra más apropiada de la lista.

1 aprobó   2 protege   3 agresores   4 masculino   5 maltrate

3 Completa los huecos con las letras que faltan. Traduce las palabras al inglés. Intenta añadir a la lista.

1   el orgullo gay = gay pride
2   el feminismo = feminism
3   la violencia de género = gender violence
4   la igualdad = equality
5   el machismo = male chauvinism

4 Answers will vary.

3.1 A: La mujer en el mercado laboral

1 Con un compañero/a, compara las diferentes imágenes de las mujeres sugeridas por las dos fotos.

> **Points that could be mentioned:**
>
> - challenges of work commitments (juggling family commitments, achieving pay equality and promotion opportunities)
>
> - more problems: more single-parent families, more demands at work, salary issues
>
> - fewer problems: more laws to protect women, domestic violence now recognised, more opportunities at work
>
> - optimistic: more women in high powered roles, more laws, more social recognition, more opportunities for women
>
> - pessimistic: salary gap will worsen, less women in CEO roles, increase in violence towards women

2 Lee el artículo y explica lo que significan las siguientes estadísticas.

1 37.4% Los sueldos de las mujeres son el 37.4 por ciento menos que los varones.

2 50% Los sueldos de las mujeres son 50% menos de los hombres en el sector privado.

3 10.7% La desigualdad de los salarios en el sector público es el 10.7%.

4 73% El salario de un hombre con más de 29 años es el 73% más que una mujer.

5 41% En el sector público el porcentaje es la diferencia de salarios.

6 87% la diferencia de salarios en el sector privado

7 130% A partir de los 35 años de antigüedad los hombres ganan 130% más que las mujeres.

8 55% En las jornadas laborales de más de 45 horas, los hombres cobran el 55% más que las mujeres.

3a Escucha esta entrevista con Marta Fernández, sobre los retos de la mujer en el mercado laboral en Chile. Luego, contesta las preguntas en español.

1 Se ha duplicado del 20 al 40 por ciento.

2 Dice que son el nuevo motor del mercado laboral.

3 Tienen mayor profundización educativa en Chile.

4 los hombres

5 trascender profesionalmente, y conseguir en las principales industrias chilenas

3b Answers will vary.

> **Transcript**
>
> — ¿Cómo ha cambiado la presencia femenina en el mercado laboral en Chile?
>
> — La presencia femenina en el mercado laboral se ha duplicado del 20 al 40 por ciento en los últimos 20 años. Las mujeres son el nuevo motor del mercado laboral y este recurso puede hacer una gran diferencia en un país en vías de desarrollo.
>
> — ¿Cuál es la situación ahora?
>
> — Actualmente, por cada tres hombres hay cinco mujeres de la misma edad que tienen título universitario o superior, lo que sugiere que las mujeres, en promedio, tienen mayor profundización educativa en Chile.
>
> — ¿Todavía existen problemas?
>
> — Es triste que las cifras de participación laboral subrayen que en los últimos años, aunque se ha aumentado el número de mujeres trabajadoras, los cargos profesionales aún los lideran los hombres, principalmente los cargos más altos.
>
> — ¿Cuál es el reto al que actualmente se enfrentan las chilenas?
>
> — Existe una brecha salarial actual de un 20 por ciento según las estadísticas en 2016. Teniendo esto en cuenta, para las mujeres, en adelante, el reto mayor es aún trascender profesionalmente y promover las principales industrias chilenas.

4 Mira esta viñeta y contesta las preguntas.

1 Tasks:
- limpiar = clean
- cocinar = cook
- coser = sew
- cuidar a los niños y mi marido = look after the children and my husband
- planchar = iron
- contester al telefono = answer the phone
- pagar las facturas = pay the bills
- hacer la compra = do the shopping / go shopping

2 Students could discuss:
- the fact that a woman has to do so many jobs
- she is not paid for most of them
- men are not expected to do as many
- the fact the male judge is not sympathetic, even sexist

3 Students could discuss:
- differences for different women
- depends on where you live in the world
- some women are happy to do this role

5 Traduce estas frases al español.

> **Suggested answers**
>
> 1 No hay ningún trabajo que las mujeres no puedan hacer.
> 2 Muchos hombres ganan más dinero que las mujeres.
> 3 Pocas mujeres trabajan en las empresas más grandes del mundo.
> 4 Muchas jóvenes tienen que encontrar el equilibrio entre su vida familiar y las exigencias de su trabajo.
> 5 Algunas de las diferencias entre salarios son enormes.
> 6 Varias compañías tratan de contratar a más mujeres.
> 7 Algún día no habrá desigualdad en el lugar de trabajo.

6 Haz una presentación de dos minutos sobre la situación de la mujer en el mercado laboral. Navega por Internet para buscar más estadísticas. Utiliza las Expresiones claves para ayudarte.

> **Points that could be mentioned:**
>
> • salary inequalities, mentioning statistics
> • the lack of promotion
> • strategies to improve the situation
> • the problems of juggling family commitments and work commitments.
> • salary inequalities, mentioning statistics
> • the lack of promotion
> • strategies to improve the situation

3.1 B: La mujer en el mercado laboral

1 Mira las estadísticas y discútelas con tu compañero/a. Utiliza las expresiones claves para ayudarte.

> **Suggested answers**
>
> 1 more surprising – shopping, the fact men do not do more nowadays
>   less surprising – care of the children, cooking, washing clothes
> 2 In the student's family their father may do more or less.
>   The student may be in a single-parent family and as such it is the one parent who does everything.

3 Sexist, men pretend not to be good at these tasks, are men lazy?, some of the best men are chefs, women have higher standards.

4 more equality, more sharing, things will stay the same

2 Answers will vary.

3 Escucha este reportaje sobre los hombres y las tareas domésticas. Para cada frase escribe el país apropiada. ¡Cuidado! Sobran dos países.

1 España 2 España 3 Japón 4 Dinamarca 5 Dinamarca

> **Transcript**
>
> En España los hombres dedican casi una hora menos al día que las mujeres a las tareas del hogar. Aunque la situación desvela una notable diferencia de género, ha habido en los últimos años una evolución positiva. En países como Turquía, Japón o la India, los hombres sólo dedican 19 minutos al día a las tareas de la casa. La media en España es 76 minutos al día, pero las mujeres dedican 127 minutos, 57 minutos más. Esto coloca al país en el puesto 16 de todos los estudiados. España debería fijarse como meta llegar al "top tres" de los países en los que más se igualan los tiempos. Esos países son Eslovenia, Estonia y Dinamarca. Allí es casi el doble de tiempo el que dedican los hombres a las tareas de casa, situación que contribuye a reducir la denominada 'brecha de género'.

4a Lee el artículo y empareja las dos partes de las frases siguientes. ¡Cuidado! Sobran dos segundas partes.

1 e 2 f 3 c 4 a 5 d

4b Traduce la segunda parte del texto.

> **Suggested answer**
>
> There is something on which men and women agree: in the last seven years there has been a significant transfer from time spent on social life and fun to time spent on hobbies and computer use. While in 2002–2003, 66.8% of people aged 10 or over took part in social activities, by 2009–2010 this percentage had dropped by nine percentage points and in addition, less time is spent on them (25 minutes less each day). By contrast, activities related to hobbies and computers, where participation in 2002–2003 was around 18%, have increased by almost 12 percentage points: 29.7% of respondents devoted their time to new technologies and their hobbies on the designated day.

5 Answers will vary.

6 Utiliza Internet para buscar más información sobre la situación en América Latina. Escribe un blog de 200 palabras comparando España a otros países hispanohablantes.

> **Points that could be mentioned:**
>
> differences in Latin American countries with a few key examples
>
> common areas (salary/childcare/sharing of house work, male chauvinism)
>
> Latin America: more traditional/more advanced?

3.2 A: El machismo y el feminismo

1 Lee la definición de 'machismo' y discute con tu compañero/a las siguientes preguntas.

1 Yes – domestic violence, discrimination

No – more rights, more sensitivity in society towards the role of women

2 Students might cite friends/relatives/acquaintances as sexist.

3 inappropriate jokes, violent behaviour, lack of promotion at work for women, media stereotyping

2a Lee las opiniones de estos cinco jóvenes y busca la traducción de las frases o palabras.

1 chistes machistas   2 reírse   3 desaparecido   4 abusan
5 parejas   6 la lucha   7 el movimiento feminista
8 olvidar   9 mundo laboral   10 igualdad de derechos

2b Lee el texto otra vez. ¿Quién dice cada frase? Escribe los nombres correctos.

1 Iñaki   2 Pablo   3 Manu   4 Maria   5 Teresa

2c Lee lo que dicen Pablo y María. ¿Estás de acuerdo con uno u otro? ¿Por que? Compara tu opinión con la de un compañero/a.

> **Suggested answer**
>
> I agree with Pablo:
>
> > we live in a world where we can poke fun at everyone
> >
> > lots of new laws to protect women
> >
> > women are making ground in the world of work
>
> I agree with María:
>
> > increasing incidents of violence towards women
> >
> > sexual harassment in the work place
> >
> > society is still inherently sexist

3 Traduce estas frases al español. Utiliza el perfecto.

> **Suggested answers**
>
> 1 La falta de igualdad siempre ha existido en la sociedad española.
>
> 2 Muchas mujeres han luchado para mejorar la sensibilización sobre la diferencia de salarios.
>
> 3 Las mujeres han sufrido debido al sexismo/machismo de los hombres.
>
> 4 Hay mujeres que han abusado de sus maridos.
>
> 5 Han habido muchos cambios positivos pero todavía queda mucho por hacer.

4a Utilizando la imagen, explica a tu compañero/a lo que significan estas estadísticas de la violencia machista en Argentina.

1 20% de los casos de violencia ocurre entre jóvenes de 19 a 25 años.

2 50% de las parejas en relaciones violentas, tuvo relaciones abusivas en el pasado.

3 186 – es el número de casos de violencia machista que fueron denunciados en Argentina.

4 9.8% – es el porcentaje de casos de violencia machista contra mujeres de 15 a 19 años que fueron verbales o psicológicos.

5 42.5% – es el porcentaje de casos de abuso físico o verbal y psicológico.

4b Answers will vary.

5 Escucha este reportaje sobre un centro de acogida para hombres maltratados. Contesta las preguntas.

1 Hay muchos; hasta ahora solo existieron para las mujeres.

2 No se atreven a denunciar los casos de violencia.

3 les da vergüenza tener que pedir ayuda

4 sus madres, sus hermanas o sus nuevas parejas

5 Quiere que el gobierno abra centros de acogida para los hombres por toda España.

> **Transcript**
>
> Actualmente en España existen muchos centros de acogida para las víctimas de violencia doméstica. No obstante, hasta ahora solo existieron para las mujeres. La sociedad ha dado grandes pasos en la detección de malos tratos contra los hombres ya que muchas veces los hombres no se atreven a denunciar los casos de violencia porque les da vergüenza tener que pedir ayuda. Debido a su incapacidad para dar este paso, en el 75 por ciento de los casos de hombres maltratados, son sus madres, sus hermanas o sus nuevas parejas las que denuncian el crimen. Una diputada española, Rosa Diez, presentó ayer en el Congreso de los Diputados una iniciativa en la que solicita al Gobierno que abra centros de acogida por toda España.

6 Escribe una redacción de 200 palabras contestando la pregunta: "¿Existe todavía el machismo?"

Points that could be mentioned:

- statistics pertaining to Spain
- articles taken from recent news articles about domestic violence
- increase in male abuse
- rise in feminism
- conclusion summing up their own views taken from this unit and their research

3.2 B: El machismo y el femenismo

1 Discute con un(a) compañero/a.

Suggested answers

1 fighting for women's rights, equality of rights and opportunities, against discrimination
2 strong, motivated, determined, brave
3 yes – the desire for equal rights and a fairer society for women

   no – not necessary in the world today, don't have the right attributes

2a Lee el texto y explica lo que significan las siguientes fechas.

1 1939–1975 – Duración de la dictadura de Franco / no hubo ninguna reivindicación política, social o cultural a favor de las mujeres.
2 los años 60 – Se crearon algunos grupos feministas.
3 1975 – Fue un año de celebración y alegría para el feminismo español porque las Naciones Unidas lo declaró el Año Internacional de la Mujer.
4 el 20 de noviembre – Murió Franco

2b Traduce el primer párrafo al inglés.

Suggested answer

The analysis of the feminist movement in Spain requires an understanding of the political and historical context in which it was born. The dictatorship of Franco (1939 to 1975) denied any political, social or cultural acceptance/recognition in whatever form. In this context, the creation of a feminist movement was unthinkable. Nevertheless, during the 1960s, some groups were created. There were three main areas/domains which brought about their appearance: the university world, the clandestine political parties of the left and the illegal neighbourhood associations.

3a Lee este extracto de "Yerma" escrito por Federico García Lorca. Completa el texto escogiendo la palabra más apropiada.

1 verdad   2 mía   3 parido   4 gustar   5 segura

3b Answers will vary.

4 Lee la introducción y escucha las respuestas de la feminista Patricia González en esta entrevista. Pon las preguntas en el orden correcto.

4   1   3   2   5

Transcript

— Antes tenía un mogollón de trabajos distintos y al final del día me iba al fútbol. En España no hay salida para una mujer que se quiera dedicar al fútbol. Ahora es mi trabajo, mi pasión y mi vida.

— Lo más duro fue el choque cultural, aunque, pese a ser un país musulmán, es más abierto y las mujeres no van con velo. Tenía dificultades en adaptarme a cómo entienden el fútbol y a la cultura de allí. Al principio me pasaba hora y media intentando identificar el detergente o el champú.

— Es una chica de 17 o 18 años, que se dedica solo al fútbol y no trabaja, ya que con las dietas y los proyectos de la Federación pueden vivir del fútbol. Un problema es que se casan muy pronto y su carrera termina a los 20 o 21 años. El idioma es otra dificultad.

— Hablan azerí, por lo que necesito un traductor para todo y hay que utilizar muchos vídeos. Puede ser interesante cuando intento expresarme, y de vez en cuando hay momentos graciosos.

— Siempre sueño con esa posibilidad. Me encantaría ser seleccionadora, dirigir el fútbol femenino español, dedicarme al fútbol femenino en España y ganar la copa del mundo en el futuro.

5 Lee cada una de las frases y completa los huecos con la forma correcta del pluscuamperfecto.

1 había comido   2 había hablado   3 se habían quejado
4 había conocido   5 había luchado   6 había visto

6 Answers will vary.

3.3 A: Los derechos de los gays y las personas transgénero

1 Discute con tu compañero/a si crees que estas estadísticas son Verdaderas (V) o Falsas (F).

1 F (en siete países) 2 F 3 V 4 V

2a Empareja cada palabra inglesa con su equivalente en español.

1 c 2 e 3 d 4 b 5 a

2b Lee el texto y decide si las frases son Verdaderas (V), Falsas (F) o No mencionadas (N).

1 V 2 F 3 V 4 F 5 F 6 V

2c Traduce el último párrafo del texto.

> **Suggested answer**
>
> LGTB Pride (Gay Pride) is a celebration open to everyone (children, young people, older people, locals and visitors from all over the world) with a multicultural and multi-ethnic character that reflects the diversity of contemporary society. From there, 'Pride, an example of community' arose. This initiative aims to promote the involvement and awareness of community groups, businesses, organisations and festival organisers in order to bring about the necessary acceptance of the impact that MADO has generated and the necessity of committing to respect and coexistence.

3 Escucha este reportaje sobre un crimen homófobo. Luego contesta las preguntas en español.

1 cinco jóvenes sevillanos de entre 21 y 26 años

2 cuatro veces

3 un golpe fuerte en el cuello con la mano abierta

4 su amigo estaba borracho

5 los dos chicos les estaban esperando

> **Transcript**
>
> — Cinco jóvenes sevillanos de entre 21 y 26 años sufrieron una agresión homófoba el pasado sábado en el centro de Sevilla. Fueron agredidos hasta cuatro veces en menos de dos horas por un joven que se les acercó gritando "maricones" y les golpeó varias veces.

> — "El joven nos insultaba pero intentamos ignorarlo. De repente, sentí un golpe duro en el cuello con una mano abierta. El joven estaba con un amigo suyo que pedía perdón y que decía que su amigo estaba completamente borracho."
>
> — Los cinco jóvenes decidieron ir a la discoteca y continuaron como si nada hubiera pasado, pero cuando llegaron a la calle Isidro los dos chicos estaban allí esperándoles.

4 Discute con tu grupo lo que piensas de este anuncio chileno y después discute estas preguntas.

> **Suggested answer**
>
> 1 Yes: raise awareness, challenge people to think
>
> No: people don't pay attention, difficult to change perception, inherent homophobic society
>
> 2 more laws, more discussion, change public opinion, more media representation.
>
> 3 Yes: more modern values, more gay friends, normaliisation of gays via the media
>
> No: still homophobic attacks, religious views
>
> 4 Optimistic: more laws, normalisation, no one cares
>
> Pessimistic: increasing homophobic attacks, religious persecution, banned in many countries

5 Lee las frases y complétalas con la forma correcta del futuro perfecto.

1 habremos cambiado 2 se habrán casado 3 habremos asistido 4 habrán organizado 5 habrá terminado
6 habrás volado

6 Answers will vary.

3.3 B: Los derechos de los gays y las personas transgénero

1 Lee el texto y busca la traducción de estas frases o palabras.

1 recordó 2 compatriotas 3 un asunto 4 enlaces
5 la Estrella 6 se está replanteando 7 polémico
8 crecerse 9 derechos

2a Escucha este el reportaje sobre la situación de los matrimonios gay en los países latinoamericanos y rellena el cuadro.

País	¿Legal o no?	Más detalles
Argentina	Legal	en 2010
Uruguay	Legal	en 2013
México	No	aunque en 2007 se hizo legal en el Distrito Federal y en el estado de Coahuila
Colombia	No	Las parejas del mismo sexo solo pueden documentar su unión ante un notario. / No pueden adoptar.
Chile	No	Aún no reconoce ningún tipo de unión entre personas del mismo sexo.

2b Escucha otra vez y utilizando el cuadro de arriba escribe un resumen de la situación de los matrimonios gay en 2015 en cada uno de los países latinoamericanos. Escribe unas 70 palabras.

Points that could be mentioned:

- 24 estados de Estados Unidos ya han legalizado el matrimonio entre los homosexuales.
- Muchos países en Latinoamérica ya han legalizado el matrimonio entre los homosexuales también.
- El primer país en Latinoamérica que aprobó el matrimonio entre los homosexuales fue Argentina en 2010.
- Uruguay aprobó la ley en 2013. Sin embargo no es legal en ciertas regiones de México, y está prohibido en Colombia y también en Chile que sigue luchando por la igualdad.

Transcript

En los Estados Unidos las parejas homosexuales tienen derecho a casarse en veinticuatro estados, pero la situación en los países latinoamericanos es bien distinta. En muchos de estos países los derechos de los homosexuales están menos desarrollados.

De todas formas, algunos países de Latinoamérica ya han comenzado a aprobar el matrimonio entre parejas del mismo sexo. Argentina fue el primer país que aprobó el matrimonio gay en 2010, seguido de cerca por Uruguay que aprobó una ley para los homosexuales en 2013.

La situación en México es complicada porque el matrimonio entre parejas del mismo sexo no es todavía legal en todo el país. En 2007 se hizo legal en el Distrito Federal y en octubre de este año, se aprobó también en el estado de Coahuila.

La situación es peor en Colombia. Allí los homosexuales están discriminados ya que no se les permite contraer matrimonio y no pueden adoptar niños. Los homosexuales solo pueden documentar su unión ante un notario.

Chile es el país latinoamericano donde los homosexuales tienen menos derechos. Allí, los homosexuales siguen luchando por los derechos de sus compatriotas. La unión entre homosexuales chilenos no está reconocida.

3 Utiliza el texto "Ricky Martin promueve el matrimonio gay en Puerto Rico" para ayudarte a traducir estas frases al español.

Suggested answers

1 Ricky Martin intenta promover el matrimonio gay en Puerto Rico.
2 Dijo que ya era hora de legalizar el matrimonio entre personas del mismo sexo.
3 El asunto es muy polémico entre los habitantes de la isla.
4 Mucha gente piensa que es una cuestión de igualdad para todos.
5 La diversidad es muy importante en el mundo actual.

4 Answers will vary.

5 Lee cada una de las frases y complelas con la forma corrrecta de la condicional perfecto.

1 habría comprado   2 habría terminado
3 habríamos reservado   4 habrían sido   5 habría asistido
6 habrían ido

6 Answers will vary.

Repaso: ¡Demuestra los que has aprendido!

1 Estas palabras pertenecen al tema de "La igualdad de los sexos". Empareja los sinónimos.

1 g 2 f 3 n 4 e 5 m 6 d 7 l 8 c 9 k 10 b 11 j 12 a
13 i 14 h

2 Completa las frases, escogiendo la palabra más apropiada.

1 medida   2 desempeñan   3 igualitaria   4 influyen
5 ocio

3 ¿Cuánto has aprendido? Elige la respuesta correcta.

1 b 2 b 3 b 4 a 5 b

4 Empareja las dos partes de las frases.

1 b 2 e 3 a 4 f 5 d 6 c

Repaso: ¡Haz la prueba!

1 Lee este artículo sobre el Cordobés. Selecciotna las cuatro frases correctas según el texto.

2 4 5 7

2 Traduce este texto al inglés.

> **Suggested answer**
>
> Currently, eight hundred women die every day from causes directly related to childbirth and pregnancy and forty-seven thousand die through unsafe abortions each year. In Spain, a reform of the Abortion Act was recently passed which requires minors to get permission from their parents to end a pregnancy, violating their right to decide. This is a brief summary of what it means for half of the world's population not having access to (their) rights over their body, health, well-being and dignity.

3 Escucha el reportaje las palabras de Papa Francisco. Decide si los frases son Verdaderas (V), Falsas (F) o No mencionadas (N).

1 V 2 F 3 N 4 V 5 F 6 N

> **Transcript**
>
> El papa Francisco critica el machismo
>
> El papa Francisco ha criticado este lunes "los excesos del machismo" que considera a la mujer "de segunda clase" y denunció "la instrumentalización y la comercialización del cuerpo femenino en la actual cultura mediática".
>
> El pontífice argentino compartió estas ideas durante un discurso que dio este lunes en la Plaza de San Pedro del Vaticano. El papa quiso denunciar el maltrato que sufren las mujeres debido a las ideas machistas de ciertos países hispanoparlantes. Subrayó que la mujer fue creada también por Dios y no es una réplica del hombre.
>
> El papa insistió en la importancia de la mujer en el mundo contemporáneo y estableció que complementa al hombre en una pareja. Destacó que de acuerdo con las enseñanzas de la Iglesia Católica cuando Dios creó a Adán, primero estaba solo, pero luego creó a Eva como una parte de él.

4 Practica la gramática que has aprendido. Traduce estas frases al español.

> **Suggested answers**
>
> 1 Muchas mujeres han muerto debido a la violencia doméstica.
> 2 El Papa ha criticado a algunos hombres que se han comportado de una manera machista.
> 3 El gobierno había prometido introducir una nueva ley.
> 4 Pablo había sido un buen padre y esposo.
> 5 A finales de año, muchos gays se habrán casado.
> 6 Muchos transexuales habrán sufrido abusos antes de que finalice el año.
> 7 Sin el apoyo de la industria, las mujeres habrían ganado menos que los hombres.
> 8 Pocos homosexuales habrían soñado con la igualdad en los años setenta.

5 Completa el texto, escogiendo la palabra más apropiada de la lista.

1 propensas   2 malabares   3 carreras   4 supone
5 psicológicas   6 duplicado

6 Answers will vary.

7a Busca en el texto una palabra o expresión que tenga el mismo significado que las siguientes.

1 el lema 2 convocó   3 salir a la calle a protestar
4 rabia   5 se pone el acento en

7b Escribe un párrafo en español, usando un máximo de 70 palabras para resumir lo que has leído. Responde con frases completes.

> **Suggested answers**
>
> • On Monday a feminist organisation called a rally via the internet for Tuesday to protest against the murder of a woman the previous week.
> • The group brought together activists from different organisations in defence of the rights of women.
> • The numbers they managed to raise in response to the murder of a woman were quite small, because of the short notice, but they believe it is important to have a visible protest.

8 Elige uno de los siguientes temas y escribe unas 250 palabras.

Suggested answers

1 **Nunca habrá igualdad entre los hombres y las mujeres.**

FOR: salary differences/ domestic violence/ machismo/ lack of promotion/ women doing all the chores

AGAINST: more laws/rise of feminism/ society perceptions

2 **Ser homosexual actualmente es normal y está aceptado.**

FOR: gay weddings/ famous celebrities/ friends and family who are gay/gay adoption

AGAINST: homophobic attacks/discrimination at work/ gay bullying at school

3 **Todos los hombres son machistas.**

FOR: sexist jokes/ domestic violence/ lack of shared roles in marriage

AGAINST: modern man changing attitudes/ increased acceptance of equality/ new laws

---

Theme 2: Artistic culture in the Hispanic world

4 │ La influencia de los ídolos

Introductory spread

1a Discute la nacionalidad y profesión de cada uno de estos famosos con un(a) compañero/a. Utiliza Internet si lo necesitas.

1 Shakira – colombiana, cantante
2 Andrés Velencoso – español, modelo
3 Jennifer López – americana, pero con raíces hispanas
4 Nieves Álvarez – española, modelo
5 Sofía Vergara – Colombia, actriz
6 Dani Rovira – español, actor
7 Penélope Cruz – española, actriz
8 Gael García Bernal – méxicano, actor
9 Paula Echevarría – española, actriz
10 Sara Carbonero – española, periodista

1b Empareja cada frase con uno de los famosos de la actividad 1a.

1 Penélope Cruz
2 Sofía Vergara
3 Dani Rovira
4 Paula Echevarría
5 Nieves Álvarez
6 Andrés Velencoso
7 Shakira
8 Sara Carbonero
9 Jennifer López
10 Gabriel García Bernal

2 Sin usar un diccionario, ¿cuántas de estas palabras cononces en inglés? Compara tus respuestas con las de un(a) compañero/a.

wealth, humanitarian work, followers, charity, catwalk, lyrics + message of his/her songs, abuse their celebrity status/success, forget his/her roots, raise money

3a Answers will vary.

3b Answers will vary.

4 Answers will vary.

4.1 A: Cantantes y músicos

1a Lee las biografias de los tres cantantes hispanos y busca el español.

1 se ha convertido en
2 un éxito
3 platino
4 actualmente
5 siguientes
6 se desarrolló
7 a lo largo de
8 carrera

1b Lee otra vez las biografías y empareja cada frase con un cantante.

1 Dasoul
2 Sofía Reyes
3 Antonio Orozco
4 Sofía Reyes
5 Dasoul
6 Antonio Orozco

2a Lee y traduce este texto al inglés.

> **Suggested answer**
>
> Antonio José makes it very clear that appearing on TV and participating in music competitions does not guarantee professional success. Let's remember that this youngster has already represented Spain at the 'Junior Eurovision Song Contest' but his career did not take off from there. Now, as the winner of 'The Voice 3', he is thought to have shot to stardom. Or not. Does anyone know where Rafa, the heavy metal guy who won the first season, is now? David Barrul, last year's winner, has been listened to a bit more, but not that much. But will this young man have a future in music?

2b Discute con un(a) compañero/a.

Suggested answers

1 Yes – Singers compete and are judged by experts and some become world famous.

No – Some are only interested in the fame/the look and behaviour of the singer important.

2 Yes – They show what it is possible to achieve by hard work.

No – They promote the celebrity lifestyle rather than true talent.

3 Yes – Some just need to go on TV and participate, no notion of crafting their trade over time.

No – They work hard on these programmes to improve themselves.

4 Yes – They take part in other reality shows/ seek money/material possessions/ cult of the celebrity.

5 Yes – I want to be famous/ have worldwide success.

No – I can't sing/ hate the pressures of fame.

3 Escucha lo que dice David Bisbal, un famoso cantante español, sobre los realities musicales y contesta las preguntas.

1 No garantizó el éxito. / No se te cumple tu sueño de tener una carrera musical.

2 Dan oportunidades a nuevos talentos.

3 España y México

4 Fue un momento importante en su carrera. / Puede ver de cerca la lucha que viven los participantes y ayudarles.

5 Su carrera despegó.

6 más pop/latino y universal

Transcript

Durante una rueda de prensa de ayer en Madrid, el famoso cantante español David Bisbal indicó que la participación en un reality musical no garantiza el éxito en la industria musical. Tiene razón porque los concursantes de este tipo de programas, sueñan con tener el éxito que Bisbal ha conseguido pero estos programas son solamente el primer paso ya que salir adelante en esta industria tiene muchas dificultades. Es importante que el ganador se esfuerce y persista. Lo fundamental es que estos programas ofrecen al ganador la oportunidad de darse a conocer, sobre todo gracias a las redes sociales. Trabajar en "La Voz España" y "La Voz México" ha dado a Bisbal la oportunidad de compartir sus experiencias y en ellos ha visto los fracasos y los

triunfos de los participantes. Lo mejor es que Bisbal puede identificarse con los participantes porque participó en el reality "Operación Triunfo", en España. A pesar de perder, su carrera despegó y vendió millones de álbumes. La semana próxima, irá a Argentina para lanzar un nuevo disco que tiene un sonido más pop latino.

4 Answers will vary.

5 Answers will vary.

4.1 B: Cantantes y músicos

1 Corrige las frases utilizando la información del texto.

1 dado un discurso → escrito un artículo
2 riqueza → pobreza
3 unido → dividido
4 ricos→ pobres
5 cinco → seis
6 de dinero → humana

2 Traduce este texto sobre los músicos de La Oreja de Van Gogh al inglés.

Suggested answer

The famous Spanish group La Oreja de Van Gogh is joining the campaign 'For being a girl' which is trying, through education and awareness, to end the gender discrimination that affects millions of girls around the world. About 1,000 million girls and women live on less than one euro a day. Investing in a girl means investing in the development of the entire community. It is important that girls' education is a priority, and musicians such as La Oreja de Van Gogh help raise awareness of this problem.

3 Lee este párrafo sobre los cantantes y su trabajo para las organizaciones benéficas. Luego utiliza los pronombres indirectos y traduce las frases al español.

Suggested answers

1 Muchos cantantes les dan dineros.
2 Estos cantantes les regalan la esperanza.
3 Intentan ayudarles.
4 Te piden a ponerte en contacto.
5 Oxfam nos dirá cómo podemos ayudar.

4 Escucha este reportaje sobre un concierto muy peculiar. Haz un resumen de 70 palabras.

Suggested answer

Queen Sofía and Raphael share a passion for music and have just attended the same concert, where young people from a disadvantaged background managed to make music from some very strange 'instruments'.

They both applauded the Peruvian children who live in a suburb built on top of a rubbish tip, and who, considering the harsh living conditions they endure day-by-day, were able to make spectacular sounds.

Transcript

La reina Sofía y Raphael asistieron a un concierto muy particular

La reina Sofía y el cantante Raphael tienen algo en común: la música. Los dos asistieron a un concierto solidario en el que participaron varios jóvenes desfavorecidos. Lo interesante fue que durante el concierto, tocaron unos "instrumentos" extraños. Estos instrumentos eran bidones de gasolina y latas de comida.

El concierto, que se llamaba "La Orquesta de Instrumentos Reciclados", se celebró en Perú durante la visita de la reina y su marido. La reina Sofía y el cantante Raphael aplaudieron el talento de estos jóvenes peruanos que viven en condiciones escuálidas. Estos niños peruanos viven en un barrio construido encima de un vertedero. Además, la reina Sofía y el cantante Raphael se emocionaron por la profesionalidad con la que actuaron a pesar de la adversidad que sufren los niños.

5 Mira las fotos y discute las siguientes preguntas con tu clase o con tu compañero/a.

Suggested answers

1 Shakira is shown working with the poor to make a difference whereas Taylor Swift is self-promoting with her fans.

2 Yes – They raise awareness of causes; donate their own money; improve social conditions.

   No – They do it for self-promotion to achieve greater success.

3 Yes – They are public figures who have worldwide fame.

4 They raise awareness and they are in a position of power to change things; but it is also an opportunity for self-promotion.

5 They can use tours to sell albums/books/DVDs.

6 Yes – It sets a good example; they use their fame for good causes; they promote a culture of giving.

6 Haz una presentación de dos minutos a tu clase sobre los cantantes y su influencia en los jóvenes.

Suggested answer

- the exact charities singers raise money for
- the importance that a figure in the public eye has for raising awareness of a charity/campaign and/or if this helps with promoting their own image
- some charities work would be overlooked without them
- if the star persona of the singer trivialises the issue and makes it seem less important

4.2 A: Estrellas de televisión y cine

1 ¿Comprendes lo que hacen o hacían estas personas en la televisión o el cine de España o América Latina? Traduce la tabla al inglés.

Suggested answer

Penélope Cruz – Spanish actress born in Madrid, whose cinema work has made her a big star on an international level.

Dani Rovira – Malaga-born comedian and actor who became famous in 2014 for his work in the film "Ocho Apellidos Vascos".

Alejandro González Iñárritu – Mexican cinema director and producer, known worldwide for his controversial films, such as "Birdman", "Babel" or "Amores Perros".

Paula Echevarría – Spanish TV actress in series such as "Velvet" and "Gran Reserva".

2a Lee la tabla otra vez y empareja cada palabra española con su equivalente en inglés.

1 d 2 g 3 f 4 a 5 c 6 e 7 b

2b Cada una de las estrellas mencionadas ha sido noticia en años recientes por su trabajo, acciones o comentarios en públco. Utilza Internet para emparejar cada nombre con la actividad.

1 Penélope Cruz 2 Dani Rovira 3 Paula Echevarría
4 Alejandro González Iñárritu

2c Answers will vary.

3 Traduce estas frases al español utilizando la pasiva. ¡Cuidado! Hay tres frases que puedes traducir usando el pronombre <u>se</u> y el verbo en la tercera persona si quieres.

Suggested answers

1 Su discurso fue seguido y aplaudido por muchos.

2 Los niños sin hogar de la India son ayudados por famosas estrellas de la televisión y del cine.

3 La organización es apoyada por Salma Hayek.

4 Muchas campañas de concienciación han sido creadas para ayudar a las mujeres que sufren violencia doméstica.

5 La actriz es admirada por su trabajo humanitario.

6 Las redes sociales son una gran influencia y a veces son criticadas por su poder que ejercen en la sociedad.

4a Completa el texto con la forma adecuada del pretérito de los verbos entre paréntesis.

1 enorme   2 todo tipo   3 sobre todo   4 que trató de
5 fuera del trabajo en la casa   6 con fin humanitario
7 la lactancia materna   8 hambriento
9 falta de comprensión   10 justa

4b Contesta las siguientes preguntas en español.

1 su abuela

2 causas políticas y sociales OR el papel de la mujer en la sociedad y la búsqueda de laigualdad de oportunidades

3 una mujer muy valiente

4 dos décadas

5 las mujeres (que sufren violencia doméstica) y los inmigrantes

6 controversia

7 orgullosa

5 Escucha este reportaje sobre una actriz española y su influencia. Haz un resumen de 70 palabras.

Suggested answer

Paula tiene una gran influencia en el mundo de la moda y su blog es seguido por muchos.

Normalmente le gusta llevar ropa informal con prendas casuales, pero para las ocasiones especiales viste más elegantemente.

Piensa que no crea tendencia. Adapta la moda a su propio estilo.

Llevó una camisa blanca con unos vaqueros y un cinturón dorado.

Fue controvertido porque muchos creen que las fotos fueron manipuladas por Photoshop.

Transcript

Paula Echevarría es una de las actrices españolas que más influencia tiene en el mundo de la moda. Su blog de moda es leído y comentado por miles de seguidores. Los looks que enseña en Instagram siempre se esperan con anticipación.

En su día a día le gusta lucir un look informal con prendas casuales, pero en los eventos Paula siempre impresiona con un estilo más elegante y refinado.

¿Qué opina Paula de todo ésto? Piensa que ella no crea tendencia, sino que adapta las tendencias de la moda a su propio estilo.

Lo cierto es que su gran influencia ha llegado a crear polémicas, como cuando Paula apareció en una revista con una camisa blanca, unos vaqueros con un cinturón dorado y una espectacular melena. Muchos la criticaron diciendo que las fotos habían sido claramente manipuladas por Photoshop.

Ella decidió no hacer comentarios al respecto.
¿El que calla otorga?

4.2 B: Estrellas de televisión y cine

1 Lo que dicen los famosos en los medios de comunicación puede tener una gran influencia en el público y en sus admiradores. Trabaja con un(a) compañero/a.

Suggested answers

• Celebrities should be very aware when speaking in public of the words/language they use (e.g. no swear words or criticism of vulnerable people). It is acceptable to refer to issues that affect others, as it raises awareness (e.g. the role of people like Angelina Jolie with the refugees or Bob Geldof with the poor in Africa)

• In terms of appearance or attitude in public, celebrities should always think about the fact that their words/actions/messages, etc. have an impact on others, especially the younger generations, so they should bear this in mind in any public appearances or performances.

• Students could consider as examples people like the Kardashians, those in reality TV in the UK or the Hispanic world.

2a Lee el siguiente texto sobre dos estrellas famosas y el poder de sus palabras en dos galas de premios importantes. Luego busca el equivalente en español de las palabras inglesas.

1 licenciado   2 interpretación   3 en los últimos años
4 chistes   5 resaltaba   6 borrachos   7 internautas
8 se disculpó   9 sugirió   10 tema tendencia

2b Lee otra vez el parráfo sobre Daní Rovira. Luego lee las siguientes frases y decide si son Verdaderas (V), Falsas (F) o No mencionadas (N).

1 N   2 V   3 N   4 F   5 V   6 V

2c Traduce el párrafo sobre Alejandro González Iñarritu (hasta "sus ciudadanos") al inglés.

> **Suggested answer**
>
> The Mexican film maker and producer Alejandro González Iñárritu is another famous cinema star whose words caused controversy at an awards event/ceremony. On receiving the Oscar for the Best Film for "Birdman" in February 2015, Iñárritu dedicated the award to the Mexicans who live in Mexico and the United States, and suggested that Mexico needed another government. This also set the social networks ablaze and quickly became a trending topic. Iñárritu's words clearly expressed his opinion of the fact that Mexico has not found a worthy government for its citizens.

3a Escucha el informe sobre la actriz colombiana, residente en los Estados Unidos, Sofía Vergara.

1 g   2 f   3 e   4 b   5 c   6 a   7 d

3b Escucha otra vez y contesta las siguientes preguntas.

1 sus curvas

2 Quieren encajar en el modelo de mujer ideal que ven en la tele, el cine o las revistas.

3 latina, voluptuosa y fuerte

4 Le aconsejó adelgazar y perder sus curvas.

5 Dice que los odia.

6 No está en contra para cambiar ciertas partes del cuerpo.

7 su belleza y su honestidad

8 los medios de comunicación y las redes sociales

> **Transcript**
>
> La actriz colombiana Sofía Vergara lo tiene claro. Para ella las mujeres deben estar orgullosas de sus curvas y no obsesionarse con tener el cuerpo perfecto. Muchas mujeres creen que tener curvas es equivalente a estar gordas y empiezan a perder peso solamente para encajar en el modelo de mujer ideal que ven en la tele, el cine o las revistas.
>
> Sofía Vergara dice: "Soy una mujer latina: soy voluptuosa y soy fuerte. Mi antigua representante artística me aconsejó adelgazar y perder mis curvas. No la escuché y hoy en día estoy orgullosa de mi imagen."
>
> Vergara dice odiar las dietas y hacer ejercicio, y admite que no está en contra de la cirugía estética para cambiar ciertas partes de su cuerpo. Sin embargo, insiste en que lo importante es estar feliz con uno mismo.

> La actriz es admirada por su gran belleza, pero también por su honestidad, y lucha contra la influencia negativa que tienen los medios de comunicación y las redes sociales en la salud física y mental de las mujeres.

4 Los famosos de la tele y el cine, ¿tienen sus acciones la influencia correcta? Lee las dos opiniones y después prepara y discute las preguntas con tus compañeros.

> **Suggested answer**
>
> - Celebrities should always be a good example to young people, because what they say or do holds great sway (power) among the young. On the other hand, they are human and may not always be able to live up to high moral standards expected of them.
> - They should use their wealth and fame to support charities or empower the poor. They should think about what they say or write on social media, in interviews etc.
> - Sharing private information or seeking celebrity via scandal is not an appropriate way to gain fame. Celebrities should be famous for their professional skill.

5 Answers will vary.

4.3 A: Modelos

1 Mira las fotos y discute con un(a) compañero/a.

> **Suggested answers**
>
> 1 Role of a model? – is to raise awareness/ be a good role model
>
> 2 Would like to be a model? Yes – to make money/be a good example/ raise awareness
>
> No – pressure on the way they look/ valued only for your appearance
>
> 3 Are models good examples for the young? – if the image they project is real/ if models themselves resist undue pressure of their industry to have a body shape that is unrealistic/bad for health/ if they link their looks and fame to promote healthy lifestyle
>
> No – pressure to look like them (both body shape and expensive fashion clothes)/ valued only for appearance
>
> 4 Which photo do you prefer and why? – the curvy model is more accurate of an average women/ the thinner model is more aspirational/ unreal
>
> 5 Which is the best role model for young girls to follow? – Answers will be similar to question 4.

2a Lee el texto y busca todos los ejemplos de pronombres directos.

Paragraph 1: no direct objects. If students identified 'le' in 'le hizo gran ilusión', it is an indirect object pronoun, emphasising and referring to 'A Paulina Vega'.

Paragraph 2: 'porque las considera unas embajadoras de excepción de su país ante el resto del mundo'.

Paragraph 3: in the first two sentences: 'como para felicitarme', 'Me hace muy feliz'.

Paragraph 4: in the final sentence: 'se apresuraron a felicitarla a través de las redes sociales en cuanto la coronaron.

2b Busca en el texto la traducción de estas frases o palabras.

1 le hizo gran ilusión 2 afrontar 3 reinado
4 flamante 5 embajadoras 6 tuitearon 7 enseñaré
8 apresurarse 9 las redes sociales 10 coronaron

2c Ahora haz un resumen de 70 palabras del artículo en español. No copies frases del texto.

Suggested answer

Paulina Vega was crowned Miss World in Miami.

She wanted to follow the example of her fellow Colombians, the singer Shakira and the actress Sofía Vergara, whom she considers great ambassadors for her country.

She admired them for their sexiness, authenticity and for being true to thyemselves. She wants to follow them in their work of representing Colombia.

Shakira and Sofía Vergara sent messages of congratulation to Paulina via social networks.

2d Utiliza el texto sobre Paulina Vega para traducir estas frases al español.

1 El concurso tuvo lugar el pasado fin de semana. Muchas personas lo vieron por televisión.

2 La coronaron Miss Universo en Miami, en los Estados Unidos.

3 Shakira y Sofía Vergara le felicitaron a través de las redes sociales.

4 Paulina Vega las considera buenas embajadoras de Colombia.

5 Me hace muy feliz, dijo.

3a Antes de escuchar el artículo sobre "El hombre más guapo del mundo", empareja las palabras.

1 c 2 g 3 h 4 f 5 e 6 d 7 a 8 b

3b Escucha el informe y decide si las frases siguientes son Verdaderas (V), Falsas (F) o No mencionadas (N).

1 V 2 V 3 F 4 V 5 F 6 V 7 F 8 N

Transcript

El pasado viernes por la noche un militar de Jaén, Rubén López, fue coronado Míster Universo. Tiene 22 años y compagina sus estudios de física en la universidad con su trabajo como militar en un cuartel de Madrid. Lo pasó fenomenal durante el certamen y fue un sueño representar a su país y conocer a gente de todo el mundo.

Siempre le había atraído una carrera en el mundo de la moda pero fueron sus padres los que le convencieron para participar en el certamen mundial y su fan más leal, que es su abuela, siempre tuvo confianza en él. Rubén va a seguir trabajando en el ejército de momento pero dice que desfilar en una pasarela es una experiencia inolvidable y que es tan cómodo como trabajar en el cuartel.

En sus ratos libres le encanta hacer deporte, sobre todo al aire libre. En el pasado pensó que iba a montar un negocio relacionado con estas actividades. Además, tiene un pasado muy humilde y está orgulloso de sus raíces. Su padre se dedica a servicios de mantenimiento y su madre es limpiadora y, por eso, sabe que tiene que trabajar duro para lograr sus objetivos.

3c Discute con un(a) compañero/a.

Suggested answers

1   Yes: judged only for his looks/ does not value his personality/ damaging to young males.

   No: possibilities for the model to raise awareness/ should reward success.

2   Yes: media promote beautiful women/ girls more interested in fashion/make-up/ girls less self-confident.

   No: rise in male beauty products/ society demand men be beautiful to succeed/ acceptance amongst men that it is ok to be concerned about the way you look.

3   Good: possibilities for the model to raise awareness/ show how you can be successful in modelling if you are interested.

   Bad: judged only for his looks/ does not value his personality/ damaging to young males.

4   Show that is ok to be concerned about the way you look/ show that men can be successful in the modelling industry/ shows that men can be admired for their appearance.

4 Busca información y haz una presentación con el titúlo "Los modelos pueden tener una buena influencia en los jóvenes".

> **Points that could be mentioned:**
>
> - possibilities for models to raise awareness
> - plus-size models and their influence
> - political campaigns supported by models
> - the damaging role of models in promoting beauty
> - expectations of beauty
> - role of male models in changing perceptions of masculinity

4.3 B: Modelos

1a Lee el texto y busca las frases o palabras que tengan el mismo significado que las siguientes.

1 la preocupación 2 se propone 3 el negocio
4 el incremento 5 flacas 6 se difundió 7 encontraron

1b Lee el texto otra vez y empareja las dos partes de las frases.

1 b 2 a 3 e 4 d 5 c

1c Traduce el segundo párrafo del texto al inglés.

> **Suggested answer**
>
> The news was broadcast yesterday and quickly spread round the world. The decision was taken as part of a voluntary agreement between the regional government of Madrid and the organisers of the fashion show known as Pasarela Cibeles, and it had surprising consequences: people who interviewed models in order to contract them evaluated their body mass index and found that 30% did not match the appropriate weight for their height. And they did not doubt that even though many of them had appeared in the previous show, they left them out (of this event) for being skinny.

2 Escucha este informe sobre una modelo argentina de veinte años y haz un resumen de 70 palabras en español.

> **Suggested answer**
>
> Una joven modelo murió cuando participaba en un desfile en Buenos Aires. Se sintió indispuesta tras desfilar sobre la pasarela y se desmayó en los camerinos. Los médicos diagnosticaron que murió a causa de un paro cardio-respiratorio. No había comido durante varios días. La familia está muy triste y dice que era una muy buena niña.

Transcript

La noticia de la muerte de la joven modelo argentina Patricia Gómez ha conmocionado a la industria de moda. Murió de un fallo cardiaco cuando participaba en un desfile durante la Semana de la Moda de Buenos Aires en Argentina. Fuentes del hotel donde tenía lugar el desfile confirmaron su muerte esta mañana. Se desmayó inesperadamente en los camerinos y poco tiempo después murió, a pesar de la atención que recibió de los médicos. Los médicos que la atendieron diagnosticaron paro cardio-respiratorio. La madre de la joven dijo a la policía que la modelo llevaba varios días sin comer. La familia está destrozada debido a este trágico evento y ha dicho que Patricia era una muy buena niña, que participaba muy seguido en desfiles y que todos la querían.

3 Discute con un(a) compañero/a.

> **Suggested answers**
>
> 1   They are bad examples for young people/ don't raise awareness of dangers of smoking and alcohol/ glamorise these activities.
>
> OR It depends on the photo./ It reflects people's activities./It's no worse than photos or videos of models promoting sweet food or other products that could be addictive or unhealthy.
>
> 2   Bad influence – for the reasons above.
>
> OR It depends on the type of image and the context.
>
> 3   Yes – to avoid encouraging young people to drink alcohol or to smoke, both of which are bad for health.
>
> OR They are showing real life and what people do anyway./ It's up to the viewer or user to make a decision on whether to look at the photo in depth or watch the advertisement.

4a Lee este extracto del libro "¡Divinas!: Modelos, Poder y Mentiras" por Patricia Soley-Beltran y busca la traducción de estas frases o palabras.

1 canas 2 pasé de considerar 3 belleza 4 carentes
5 embellecerse 6 cirugía estética 7 realizadas 8 lujo
9 giró

4b Contesta las preguntas en espanol.

1   cuando surgían sus primeras canas tempranas
2   los hombres y las mujeres
3   millones de dólares
4   200.0 millones de operaciones de cirugía estética
5   la industria de moda giró 172.000 millones de euros

5 Answers will vary.

Repaso: ¡Demuestra lo que has aprendido!

1 Estas palabras pertenecen a esta unidad sobre "La influencia de los ídolos". Empareja los sinónimos.

1 n 2 l 3 h 4 a 5 o 6 k 7 b 8 c 9 e 10 d 11 m 12 f 13 j 14 g 15 i

2 Empareja el cantante o el músico con la descripción apropiada.

1 D 2 B 3 A 4 C 5 E

3 Completa las frases, escogiendo la palabra más apropiada de la lista

1 la discriminación 2 hogar 3 convertido 4 aconsejó 5 quejaron

4 Empareja las dos partes de las frases.

1 b 2 d 3 f 4 g 5 c 6 e 7 a

Repaso: ¡Haz la prueba!

1a Busca en el texto frases o palabras que tengan el mismo significado que las siguientes.

1 temen 2 copian 3 los demás 4 asegurar 5 sino 6 transmite 7 inspira

1b Contesta las siguientes preguntas en español. No es necesario hacer frases completas para todas las respuestas.

1 Temen la influencia que pueden llegar a tener los cantantes en la vida de los adolescentes.

2 como una esponja que se deja influir

3 Puede que sienta complejos al no reconocerse en esas fotografías.

4 que vestir con un top ombliguero y una mini, como Selena Gómez en sus conciertos, no forma parte de la vida real

5 Pueden ayudarles a diferenciar lo que está bien de lo que está mal.

6 porque mediante su voz y sus letras inspira a muchísimas mujeres a respetarse a sí mismas

2 Escucha este reportaje sobre Bebe, una cantante española. Selecciona las cuatro frases correctas según lo que has oído.

1 4 6 8

Transcript

La cantante española Bebe quiere denunciar el maltrato a la mujer, tema que está a la orden del día en su nueva canción "Malo". La cantante ha indicado que sus letras son un reflejo de los sentimientos y sensaciones que experimentan a diario miles de mujeres en España. "Malo, malo, malo eres, no se daña a quien se quiere. Tonto, tonto, tonto eres, no te pienses mejor que las mujeres", canta la española Bebe en la canción que quiere combatir esta lacra social. Muchos periodistas han descrito a Bebe como una mujer inteligente que utiliza su arte y su habilidad musical para cantar sobre la realidad de las mujeres. Siempre será más rentable cantarle al amor y al desamor. Las canciones con letras que hablen de golpes, de violencia, de hombres machistas y de mujeres destrozadas no es algo que guste escuchar ni cantar. Lo triste es que la cruda realidad no vende y, sobre todo, no nos gusta que nos la recuerden. No obstante, Bebe se atrevió a cantar esa realidad que está ahí, aunque queramos ignorarlo, aunque cerremos los ojos y los oídos a las escalofriantes estadísticas.

3 Traduce este texto al inglés.

Suggested answer

The Spanish singer Alejandro Sanz accepted the invitation that the Real Madrid goalkeeper Iker Casillas made to him and to other well-known figures with the support of Adidas and other charitable organisations, to hold a charity football match at the Palacio de los Deportes, Madrid. The event took place on Wednesday night, on the day they met with players in the sports arena in order to 'promote youth employment' according to their press release. The proceeds from the entrance fees to the so-called 'Match of Hope' will go to the Exit and Tomillo foundations, focused on supporting youth employment in Barcelona and Madrid.

4 Lee el texto y las frases siguientes. Apunta Verdaderas (V), Falsas (F) o No mencionadas.

1 V 2 F 3 F 4 V 5 F 6 N 7 V 8 N

5 Completa el texto, escogiendo la palabra más apropiaida de la lista.

1 estrenado 2 castellano 3 muriera 4 desnudo 5 desapercibido 6 hayan 7 quejado 8 apropiadas

6 Escucha esta noticia sobre el trabajo como modelo y lee las frases siguientes. Decide si son Verdaderas (V), Falsas (F) o No mencionadas.

1 V 2 F 3 V 4 F 5 N 6 F 7 F 8 V

Transcript

Las reinas de la moda suelen cobrar, en una campaña internacional, unos 500.000 euros mientras que, los hombres tienen un salario mucho menor en este ámbito profesional. Si Eugenia Silvia puede llegar a cobrar 15 millones de euros al año con campañas y pasarelas, es difícil que un modelo masculino llegue al millón. La lógica empuja a muchos modelos a buscarse trabajo en el cine. Muchos modelos apuestan por pasar de las pasarelas a la gran pantalla debido a que los salarios son más altos. Es lo que ha hecho Jon Kortajarena que después de más de 13 años de carrera como modelo (debutó en 2003), ahora apenas aparece en la pasarela porque prefiere hacer publicidad y desarrollar sus aptitudes como actor, algo que ha podido mostrar también en videoclips musicales, como el último de Madonna.

7 Practica la gramática que has aprendido. Traduce estas frases al español.

Suggested answers

1   Muchas estrellas de cine son admiradas por su trabajo humanitario.
2   La organización humanitaria está patrocinada por Ricky Martin.
3   Muchos niños pobres son ayudados por modelos.
4   Las niñas son engañadas por las revistas.
5   Shakira les da la oportunidad de sobrevivir.
6   La pobreza le preocupa y siempre nos da miles de euros.
7   Eugenia Silva me inspiró para convertirme en modelo.

8 Haz un resumen del artículo, usando un máximo de 70 palabras.

Suggested answer

En 2006 España estableció para las modelos unas medidas corporales mínimas para desfilar, porque la extrema delgadez daña a todos. Sin embargo Marca España, que vende la imagen del país, usó una maniquí tan extremadamente delgada que provocó gestos de desagrado, cuando cerró el desfile de Cook & Fashion en la sede del Parlamento Europeo. Pero unos extranjeros recibió el modelo de aspecto casi escuálido con entusiasmo.

9 Elige uno de los siguientes temas y escribe unas 250 palabras.

Points that could be mentioned:

'Idols should do more to set a good example to young people'
Students could include:
*   donate more money
*   do more charity work
*   raise awareness of world problems
*   be more conscious of their influence regarding weight
*   avoid drugs/cigarettes and alcohol

'Celebrities exercise too much influence on young people'
Students could include:
*   appearance
*   drugs/alcohol/ smoking
*   promiscuity
*   fashion
*   behaviour

'All celebrities and idols are spoilt and they are egotists'
Students could include:
*   bad behaviour
*   materialistic
*   only interested in being famous
*   value appearance over personality
*   paid too much
*   valued too much by the media

10 Utiliza tus conocimientos sobre la influencia de los ídolos. Mira los fotos y, discute lo siguiente con un(a) compañero/a o tu profesor.

Points that could be mentioned:

*   charity work/political work/ drug taking/ alcohol abuse/ curvy models/ anorexic models
*   Shakira / Ricky Martin – UNICEF work
*   the power society gives celebrities (positive or negative) and how they can use it:
*   importance of celebrity culture in society/ power they have to raise awareness/ make changes
*   more charity work/ donate more of their money/pay more tax

5 La identidad regional en España

Introductory spread

1 ¿Sabes dónde poner en el mapa cada una de estas fiestas?

2 Empareja las preguntas (1–8) con las respuestas (a–h).

1 d 2 f 3 e 4 b 5 c 6 h 7 a 8 g

3 Contesta las preguntas.

1   students' own answers

2   1 c 2 f 3 a 4 b 5 e 6 d

3   1 catalán (adeu = goodbye) 2 gallego (boa noite = good night)   3 vasco (Nire izena = My name [is])
    4 español (hasta la próxima = see you later)

5.1 A: Tradiciones y costumbres

1a Discute con tus compañeros las tradiciones y costumbres que ya conoces sobre España.

Suggested answer

1   Breakfast – It varies depending on the region, but it often consists of some of the following: coffee with milk or juice, toasted bread with olive oil/ham, or some cakes/biscuits, etc.

2   Food – Very varied. Supposedly very healthy, following the Mediterranean diet. These days, however, there is a growing concern about how varied/balanced the Spanish diet is.

3   Punctuality – Spanish people have a reputation for not being very punctual for social occasions.

4 Names – A lot of people used to be named after their parents/grandparents or after the 'saint' on whose feast day they were born. These days the choice is more personal. All Spanish people have two surnames: the first one is their father's first surname, and the second one is their mother's first surname. By law, when women get married, they don't change their surnames.

5 Siesta – Generally after lunch, but most people don't have a siesta. It is supposed to be just a short nap after food, but it is not (or no longer) common practice.

6 Working hours – Traditionally working hours in Spain have been from 8.30/9.00 a.m. to 1.00/1.30 p.m. and then again from 4.00/4.30 p.m. to 8.00 p.m. However, in recent years, there has been an increasing trend to work "un horario no partido" non-split working hours, that is, many companies offer starting at 8.00 a.m. and finishing at 4 p.m.

7 Fiestas/festivals – Definitely something Spanish people are very keen on and proud of. Every village/town/city celebrates several fiestas every year. Some are religious, some are pagan.

8 Holidays – Spanish people usually take their summer holidays either in July or August or mid-July to mid-August, in negotiation with their employer. Children have their holidays from the third week in June to second week in September approximately, depending on the school. There are usually no half term holidays, but there are a lot of "puentes" (long weekends) or national/regional holidays, e.g. El Puente de la Constitución (Constitution Day) in December; el día del Trabajador (Workers' Day) in May; el día de la Comunidad Autónoma (Regional holiday); el día de la Hispanidad (National Holiday) 12 October.

2 Lee estas frases y decide si son Verdaderas (V) o Falsas (F).

1 F   2 F   3 V   4 F   5 F   6 V

3a Lee el artículo y busca la traducción de las siguientes frases o palabras.

1 solían   2 el cielo   3 los agricultores   4 cosecha
5 se convirtieron en   6 en su lugar   7 a principios de
8 cubos   9 ropa veraniega

3b Contesta estas preguntas en español.

1 en el siglo dieciocho
2 Levantando las manos al cielo y cantando
3 la Virgen del Pino
4 a los pobres
5 cubos, pistolas de agua, garrafas, botellas de plástico
6 trajes folklóricos y ropa veraniega

3c Traduce los dos primeros párrafos del texto al inglés.

Suggested answer

In summer, in the Teror area and in other places in Gran Canaria, they celebrate the 'Water Festival'/ the 'Water Festival' is celebrated. The festival has its origins in the 18th century, in an ancient native ritual: when there was no rain for a long period of time, the native peoples used to hold processions. They made offerings of milk and butter to show their devotion to their gods and, raising their hands to the sky, and singing, they asked the Supreme God to send them rain.

When Catholicism came to the Canary Islands/with the arrival of Catholicism to the Canary Islands, the figure of the native god was replaced by that of the Virgin of the Pine. From then on, the farmers, before harvesting their fruit and vegetables, prayed to the Virgin for a good harvest/crop.

4a Escucha el siguiente informe sobre el tradicional Día de Todos los Santos y luego rellena los huecos con la información correcta.

1 los familiares, amigos
2 flores, cementerio
3 comida, bebida.
4 los crisantemos, las rosas.
5 500.000/quinientos mil
6 (una) misa
7 dulces, kilos

4b Escucha el informe de nuevo y haz un resumen de unas 70 palabras.

Suggested answer

In Spain people buy flowers and go to the cemetery to decorate the graves of their loved ones. In other Latin American countries, they leave food and drink at the graves.

The cemeteries look beautiful because they are full of flowers of all different colours.

Transcript

Cada 1 de noviembre en España, y en muchos países hispanoamericanos, se celebra el Día de Todos los Santos. Es una tradición en la que se recuerda a los familiares o amigos que han fallecido. Muchas familias respetan esta tradición. En España tienen como costumbre comprar flores e ir al cementerio para limpiar y poner las flores en la tumba del pariente muerto. Es una ocasión para hacerles sentir que no han sido olvidados. En otros lugares, como México o Guatemala, además de las flores también dejan comida y bebida para sus parientes muertos.

Es el día del año en el que se venden más flores, y los crisantemos, los claveles y las rosas son las flores más vendidas. Por ejemplo, en el año 2014 se vendieron solo en Madrid más de 500.000 ramos de rosas ese día.

Aunque una visita a cualquier cementerio es siempre algo triste, para muchos ese día es algo bonito de ver, los cementerios terminan llenos de flores de diferentes variedades y colores.

Otra parte del ritual del Día de Todos los Santos son las misas. Mucha gente, especialmente los más mayores, suelen ir a la iglesia para escuchar una misa en recuerdo de su familiar fallecido.

Finalmente, es muy tradicional también en muchas regiones españolas tomar unos dulces preparados especialmente para esta ocasión. Algunos de los más famosos son los Buñuelos de Viento y los Huesos de Santo. Las pastelerías españolas venden muchos kilos de estos dulces año tras año.

5 Traduce las siguientes frases al español.

Suggested answers

1 Hacer la primera comunión es un acontecimiento importante en países católicos como España.

2 Muchas localidades/muchos pueblos en España celebran el día de San Juan con hogueras a medianoche.

3 Te recomiendo que lleves ropa veraniega a la fiesta del agua. ¡Hace mucho calor!

4 Los aborígenes de las islas solían ofrecer leche y mantequilla a su dios.

5 Quiero que tus amigos participen conmigo en la fiesta de la Tomatina este verano.

6 Answers will vary.

5.1 B: Tradiciones y costumbres

1a Escucha las siguientes descripciones de fiestas españolas y encuentra el equivalente en español a las siguientes frases o palabras.

1 vestidos de soldados
2 hay desfiles con música y bailes
3 se divierten mucho
4 toneladas de tomates
5 la coste sureste
6 la época medieval
7 ganan la batalla
8 en varios puntos
9 una demostración de amor

1b Escucha otra vez las descripciones de estas fiestas y empareja cada fiesta (1–6) con sus tradiciones (a–f).

1 e 2 f 3 d 4 c 5 b 6 a

Transcript

La Tamborrada

— Esta fiesta empieza a la medianoche del 19 de enero en San Sebastián, en el norte de España. Tiene una duración de 24 horas. En la fiesta hay dos grupos: los tamboreros (vestidos de soldados) y los cocineros (vestidos con su uniforme blanco). El tambor es para ambos grupos la principal forma de crear música.

Carnaval

— Para celebrar esta fiesta debes visitar Cádiz o las Islas Canarias entre febrero y marzo. Los participantes se maquillan y se visten con una ropa que no llevarían normalmente. Durante las fiestas hay desfiles con música y bailes, donde la gente bebe y se divierte mucho.

La Tomatina

— Esta popular fiesta se celebra en Buñol, Valencia, el último miércoles del mes de agosto. La gente que participa en esta fiesta lo pasa muy bien tirándose tomates los unos a los otros. Todos los años, el ayuntamiento proporciona toneladas de tomates a los participantes.

Los Moros y Cristianos

— Estas fiestas se celebran en muchos lugares de la costa sureste de España. Los participantes se dividen en dos bandos, los moros y los cristianos, y se visten de soldados de la época medieval. Cada bando se alterna en tomar la ciudad cada día que duran las fiestas, y representan la lucha histórica entre ambas culturas. Al final, los cristianos ganan la batalla.

San Juan

— Esta fiesta se celebra el 24 de junio en varios puntos de España. En algunos sitios empieza el día antes. Esta festividad es cristiana y la gente prepara fuegos y se reúne con su familia y amigos alrededor de ellos.

El día de San Jordi

— En Barcelona celebran esta fiesta el 23 de abril. La costumbre es regalarse rosas o libros. Los hombres dan una rosa a su novia, esposa, amiga, etc. y las mujeres regalan un libro al hombre como demostración de su amor.

2 Lee este texto, extraído de la famosa novela "La tesis de Nancy" por Ramón J. Sender. Complétalo escogiendo palabras de la lista 1–11.

1 provincia 2 símbolo 3 cuya 4 supersticiones
5 estampa 6 palo 7 ventanas 8 insultos 9 conviertan
10 patrón 11 balcones

3 Completa las frases con la forma correcta del subjuntivo.

1 participe 2 se preocupen 3 se vista 4 venga
5 se tiren

4 Aquí tienes varias opiniones positivas y negativas sobre distintas tradiciones y costumbres en España. En cada caso, empareja la opinión con la pregunta adecuada.

1 b 2 e 3 d 4 a 5 c

5 Answers will vary.

5.2 A: La gastronomía

1 Habla con un(a) compañero/a de las costumbres a la hora de comer. Considera y contesta las siguientes preguntas. Después, discutid vuestras respuestas con el resto de la clase.

> **Suggested answers**
>
> 1 Breakfast around the same time as in the UK, but usually it consists of bread/cakes/biscuits/fruit.
>
> 2 normally coffee (not tea!)
>
> 3 The meal at midday is not at the same time as in the UK. It is much later (around 2–3 p.m.) and it is the main meal of the day.
>
> 4 Lunch will vary depending on the household and the region but it will usually consist of either fish/meat/stew/omelette/ pasta served with salad or cooked with vegetables/rice/pulses.
>
> 5 The evening meal or "cena" is late, around 9 or 10 p.m. It is usually a light meal.
>
> 6 Merienda = afternoon snack (usually a "bocadillo" or cake … for children).

2a Lee el artículo y busca la traducción de estas frases o palabras.

1 normalmente/por lo general 2 magdalenas
3 la pausa para el café 4 los horarios de trabajo
5 seguido de 6 la merienda 7 aún más 8 algo ligero
9 lleno

2b Decide si las frases son Verdaderas (V), Falsas (F) o No mencionadas (N).

1 F 2 N 3 F 4 V 5 F 6 V 7 N

2c Haz un resumen de 70 palabras del artículo.

> **Suggested answer**
>
> A typical breakfast in Spain today consists of a coffee, fruit juice or hot chocolate and something sweet, like biscuits or pastries.
>
> Many Spaniards take a break for coffee and snack mid-morning.
>
> Lunch is the main meal of the day and is late, after 2 p.m.
>
> Mid-afternoon, many have a snack (a sandwich, fruit, or something sweet).
>
> Dinner is late in Spain and is a small meal: usually something light before going to bed.

3a Lee el texto "España y la dieta Mediterránea" y rellena los huecos con las palabras de esta lista.

1 caracteriza 2 utilizan 3 mediterránea 4 alimentos
5 consumen 6 sobrepeso 7 obesidad

3b Ahora traduce el texto al inglés.

> **Suggested answer**
>
> Spanish gastronomy is characterised by a variety of dishes that use products from the Mediterranean diet. Spain's geographical location makes it one of the countries where this type of diet predominates. The Mediterranean diet is a balanced diet whose secret is the variety of its foods and how and when they are eaten. To enjoy good health, experts recommend this diet. It has demonstrable benefits/beneficial effects, such as reducing the risk of cardiovascular disease, being overweight, obesity, high cholesterol levels, etc.

4a Escucha el informe sobre la influencia de los abuelos en la dieta mediterránea hoy en día. ¿Cómo dicen estas palabras o frases en el informe?

1 según 2 la falta de conocimiento
3 la comida precocinada 4 los culpables
5 los hábitos alimenticios 6 cuidar a sus hijos
7 el estudio revela 8 están pasando

> **Transcript**
>
> Los expertos en alimentación y nutrición están preocupados. Según un estudio reciente, la dieta mediterránea está en peligro de desaparecer. Menos del 40% de los españoles sigue esta dieta. Los horarios de trabajo, la falta de conocimiento sobre nutrición, la influencia de otras costumbres extranjeras con la comida rápida y la comida precocinada son tres de los culpables de que los hábitos alimenticios en España hayan empeorado.

Sin embargo, parece que las personas mayores continúan con los buenos hábitos alimenticios y están contribuyendo a salvar el futuro de la dieta mediterránea. Casi un 46% de los niños españoles entre 6 y 9 años tiene exceso de peso. Afortunadamente están los abuelos. Muchos padres necesitan ayuda para cuidar a sus hijos y el estudio revela que los niños comen mejor cuando van a casa de sus abuelos.

Dos de cada tres abuelos fomentan una dieta mediterránea, rica y variada. Los mayores comen aproximadamente tres piezas de fruta diariamente. Además, comen pescado tres veces a la semana y verduras cuatro veces. Y lo bueno de todo esto es que están enseñando y pasando estos hábitos a sus nietos.

4b Sólo seis de las siguientes frases son correctas. Al escuchar el informe de nuevo, decide cuáles son.

2 3 4 5 6 8

5 Answers will vary.

5.2 B: La gastronomía

1a Lee el texto sobre la historia de la gastronomía única de España y busca sinónimos de las siguientes frases o palabras.

1 para empezar 2 completamente 3 extensiones de tierra
4 costas 5 aún 6 hay que 7 enseñaron 8 beneficios

1b Traduce al inglés el párrafo titulado "La influencia del pasado cultural".

Suggested answer

The influence of the cultural past
To understand even better the wide variety in Spanish gastronomy, it is also necessary to look at the country's past and its inhabitants throughout the centuries. Then it is possible to better understand the origin of this large culinary diversity. Several cultures have influenced the history of Spanish cooking/gastronomy. The Phoenicians left their sauces; the Romans taught the benefits of olive oil; and the Arabs introduced rice, citrus fruits and nuts. After the discovery of America in the 15th century, products like chocolate, the potato and the tomato arrived in Spain.

2 Escucha el informe sobre las opiniones de los cocineros españoles más renombrados en el mundo. Contesta las preguntas en español.

1 está muy de moda en el mundo
2 por su excelencia en la cocina
3 en el extranjero

4 tener personal español y no servir sólo los platos típicos (como la paella, la tortilla o el gazpacho)
5 la materia prima nacional / alimentos y condimentos cultivados en España
6 la calidad del producto

Transcript

Algunos cocineros españoles dan su opinión

La gastronomía española está muy de moda en el mundo. Cocineros como Ferrán Adrià o Joan Roca han recibido premios a nivel internacional por su excelencia en la cocina.

Según un sondeo realizado entre algunos renombrados cocineros españoles, debería haber más restaurantes españoles en el extranjero. Consideran que esos restaurantes deben cumplir dos requisitos: tener personal español y no servir solo los platos típicos como la paella, la tortilla o el gazpacho. Deberían ser un ejemplo de la variedad gastronómica que existe en el país, y también usar la materia prima nacional, es decir, alimentos y condimentos cultivados en España.

Finalmente, opinan que lo que se vendería más en esos restaurantes serían las tapas y los pinchos. Otros elementos esenciales para el éxito de esos establecimientos serían la calidad del producto y la creatividad culinaria.

3 Lee el texto sobre la gastronomía Española y empareja los siguientes platos regionales con su definición.

1 f 2 a 3 e 4 c 5 d 6 b

4 Answers will vary.

5 Traduce las siguientes frases al español. ¡Cuidado! Todas necesitan un verbo en subjuntivo (presente o perfecto).

Suggested answers

1 Quiero que pruebes este plato. No creo que hayas comido este tipo de pescado antes.

2 Siento que nunca hayas visitado Andalucía. Tiene una gastronomía muy variada.

3 Es probable que hayan comprado todos los ingredientes para hacer una paella española.

4 Va a pedirle a mis abuelos que le muestren/ enseñen su jardín de verduras/hortalizas.

5 Es una pena que no hayas cocinado ese plato antes. ¡Es delicioso!/¡Está muy bueno!

6 (Te) Recomiendo que cambies tu dieta por la dieta mediterránea.

6 Answers will vary.

5.3 A: Las lenguas

1a Lee el texto y busca la traducción de estas frases o palabras.

1 actualmente   2 esta cifra   3 nivel
4 soldados y comerciantes   5 viene de OR proceden de
6 casi   7 avances   8 dejaron una huella

1b Contesta las preguntas en español.

1 unos 591 millones   2 segundo
3 de Canarias y de Andalucía
4 entre los siglos tres y uno antes de Cristo
5 el árabe   6 casi ocho siglos

2a Escucha a Pedro y Gloria hablar sobre la importancia del español en el mundo actual. ¿Cómo dicen estas frases y palabras?

1 ha aumentado   2 en las últimas décadas   3 entrevista
4 sin ninguna duda   5 todas las fuentes   6 el mundo de los negocios   7 a través de   8 procedente de
9 cada vez más normal

2b Escucha otra vez y responde a estas preguntas.

1 El español es una lengua bonita y amable.
2 Gloria habla de cómo ha evolucionado el español en años recientes.
3 El español será uno de los tres idiomas que dominarán la comunicación mundial en el futuro (junto con el chico y el inglés).
4 porque muchos lo ven como un idioma esencial a nivel profesional y para el mundo de los negocios
5 casi 140 millones de usuarios
6 por la constante inmigración de Centroamérica y Sudamérica y porque muchos Americanos tiene raíces hispanas

Transcript

El español es una lengua bonita y amable que ha aumentado en popularidad en las últimas décadas. Pedro, un profesor de español en los Estados Unidos entrevista a Gloria, una experta sobre cómo ha evolucionado el idioma en años recientes.

— ¿En qué situación estará el idioma español para el año 2050?

— Hay tres idiomas que sin ninguna duda dominarán la comunicación internacional en el siglo XXI: el inglés, el chino y el español. Todas las fuentes sitúan al español como la segunda lengua más hablada del mundo, con unos 400 millones de hablantes.

— ¿Tú crees que la gente tiene una imagen diferente del español hoy en día?

— Sí. Para mí, está claro que la gente piensa que el español es una lengua práctica y útil. Muchos lo

aprenden porque lo consideran esencial para su futuro profesional y para el mundo de los negocios.

— ¿Y cuál es la situación del español en Internet?

— El español es la segunda lengua de comunicación internacional en la Red. Casi 140 millones de usuarios se comunican diariamente en este idioma a través de la Red.

— ¿Cómo ves el futuro del español en los Estados Unidos?

— A mi modo de ver, Estados Unidos será un país bilingüe, donde el inglés y el español convivirán sin problemas en años venideros. La constante inmigración procedente de Centroamérica y Sudamérica unido al hecho de que muchos estadounidenses tienen raíces hispanas hace que la lengua sea usada de forma cada vez más normal en muchas partes de Estados Unidos, y no solamente en estados como California o Florida.

3a Empareja las dos partes de las siguientes frases. ¡Cuidado! Sobran dos segundas partes.

1 e   2 h   3 c   4 a   5 f   6 d

3b Haz un resumen de 70 palabras.

Suggested answers

- In Spain today there is one official language, Spanish, but there are also some regions where a second language is spoken and these regional languages are called 'lenguas cooficiales', but Spanish is also spoken.

- During Franco's dictatorship, Spaniards who lived in regions where there was a second language were not allowed to speak their language in public. It was prohibited.

- The speakers of Catalan, Basque, and Galician continued to speak their own regional language in private among close friends and family.

- It was also against the law to use these languages in schools, churches, the media, literature or music.

- With democracy came a new Constitution that recognised the importance of conserving and maintaining these languages. They were given the same status as Spanish.

5.3 B: Las lenguas

1a Lee el artículo y decide si las frases son Verdaderas (V), Falsas (F) o No mencionadas (N).

1 V   2 N   3 F   4 F   5 V   6 V   7 V

1b Haz un resumen en inglés de 70 palabras. Explica las características del sistema educativo en Cataluña, Galicia y País Vasco. ¿Qué sistema te parece más adecuado?

Suggested answer

Cataluña, the Basque Country and Galicia have a second official language.

Parental choice: children taught in Spanish only; in Spanish and regional language; or in Spanish, the regional language and English.

Cataluña: state schools / private schools/ 'trilingual' schools offer different options.

Galicia: 50% lessons in Spanish and 50% in Galician. Some schools now offering a third of classes in English.

Basque Country: three models and different approach to the regional language in each.

1c Traduce los tres últimos párrafos (desde "Galicia es la región…") del artículo al inglés.

Suggested answer

Galicia is the region where children have most opportunity to learn both languages up to the same level. Half the classes are taught in Galician and the other half in Castilian/Spanish. In recent years, many schools have started to offer trilingual teaching, with one third of the classes taught in English.

In the Basque Country there are three models of education. The first offers classes in Castilian/Spanish and Basque is just a subject; in the second model, Basque is the principal language and Spanish is taught as a subject; in the third model, classes are taught in both languages but Basque predominates.

Finally, in the other regions where there is also an official second language (Valencia and the Balearic Islands), parents have similar options to those in Galicia.

2 Answers will vary.

3 Traduce las siguientes frases al español. Utiliza el vocabulario del texto para ayudarte.

Suggested answers

1 Los padres deberían tener el derecho a elegir las lenguas que sus hijos deben estudiar.

2 Algunos niños encuentran dificultades en adaptarse a un colegio donde se enseña la lengua regional.

3 Aprender al menos dos lenguas/idiomas puede mejorar tus oportunidades laborales en el futuro.

4 El sistema educativo es muy complejo en España porque cada región puede decidir sobre asignaturas específicas para esa región.

5 Los colegios públicos y privados ofrecen diferentes modelos de educación para el aprendizaje de la lengua regional.

4 Escucha la historia de Fátima, una chica del sur de España que ahora vive en el norte. Luego elige la palabra correcta para completar cada frase.

1 cuarto 2 mudaron 3 acudir 4 conocimientos
5 decidió 6 dos 7 viajar

Transcript

Fátima tiene 16 años y estudia cuarto curso de ESO. El verano pasado tuvo que mudarse desde Málaga a Tolosa, en el País Vasco. Adaptarse a ese mundo nuevo no fue fácil, especialmente cuando el gobierno vasco informó a sus padres de que Fátima tendría que ir a un colegio donde sólo ofrecían la enseñanza en vasco.

¿La razón? En Tolosa no había colegios que ofrecieran la enseñanza en castellano.

Fátima no sabe hablar el idioma vasco y cuando sus padres recibieron la carta no se lo podían creer.

Presentaron sus quejas y alegaciones a la oficina de administración educativa del gobierno vasco, diciendo que su hija no podía aprender en un idioma que no sabía.

La sorpresa de Fátima y de sus padres fue cuando recibieron la respuesta. Si Fátima quería estudiar en un colegio que ofreciera la educación en castellano tendría que viajar a Bilbao, una ciudad lejos de Tolosa.

Después de dos meses de lucha, finalmente las autoridades le dieron a Fátima una plaza en un colegio cerca de Tolosa, a sólo media hora en autobús.

5 Escucha este informe sobre las diferentes lenguas y dialectos de España. ¿A qué se refiere cada cifra? Une cada explicación con un número. ¡Cuidado! Sobran dos explicaciones.

1 C 2 F 3 E 4 H 5 A 6 I 7 B

Transcript

En 2014, un estudio indicó que el 6,7% de la población mundial es hispanohablante, un total de 470 millones de personas. De estos, alrededor de 47 millones viven en España. Sin embargo, el español no es la única lengua del país. Seis de las 17 comunidades autónomas tienen una segunda lengua.

Según los datos revelados por el estudio, 29% de la población española habla catalán, 6% habla euskera o vasco, y 5,95% habla gallego. Es más, más de 7 millones de personas saben escribir catalán y 12 millones lo entienden. Datos sorprendentes también son que un 83% de los jóvenes de entre 16 y 19 años tienen un mayor conocimiento y uso de la lengua de su región gracias a los cambios en las políticas educativas del gobierno.

Además, en España hay más de 10 dialectos del castellano, entre ellos el canario y el andaluz, y por ejemplo solamente en Andalucía hay unos 8 millones y medio de personas que continúan usando ese dialecto en su día a día.

El estudio presentó unas conclusiones interesantes también en cuestión del uso del español en los medios de comunicación. 7,8% de los usuarios de Internet se comunican en español, y el español es la segunda lengua más usada en Twitter en ciudades como Londres y Nueva York. Por último, de todas las lenguas existentes en Wikipedia, el español ocupa la quinta posición en número de visitas.

Repaso: ¡Demuestra lo que has aprendido!

1 Estas palabras pertenecen al tema "La identidad regional de España". Empareja los sinónimos.

1 c 2 l 3 f 4 r 5 o 6 n 7 d 8 m 9 g 10 q
11 h 12 k 13 p 14 b 15 i 16 e 17 a 18 j

2 ¿Cuánto has aprendido? Da la respuesta correcta.

1 verano
2 cenar a las seis de la tarde
3 falso

3 Lee las frases y escribe la forma correcta de la palabra entre paréntesis.

1 siguen 2 gran 3 suele 4 primer 5 merendar
6 les gusta 7 entiendas 8 se comunican

4 Empareja las dos partes de las siguientes frases.

1 e 2 d 3 a 4 g 5 i 6 h 7 j 8 f 9 c 10 b

Repaso: ¡Haz la prueba!

1 Lee el artículo y haz un resumen usando un máximo de 70 palabras en español. ¡Cuidado! Responde con frases completas.

> **Suggested answers**
>
> Galicia is very green, with many mountains and a coast with many river estuaries (ría coastline).
>
> The architecture ranges from the 'typical' Galician granaries and wayside crucifixes to Roman fortifications in the form of walls and a tower.
>
> Galicia has its own language "gallego", and it has a varied cuisine, with many dishes of seafood and fish. There are also regional sweet dishes. The regional wine is Albariño.

2a Escucha el siguiente extracto sobre la Batalla del Vino de Haro en La Rioja y contesta las preguntas.

1 durante la mañana del 29 de junio
2 1710
3 a unos 6 km al norte de Haro (cerca de una ermita)
4 Any four of: botas, botellas, pistolas de agua, calderos, sulfatadoras
5 secar su ropa y almorzar/comer los famosos caracoles
6 20.000 hace diez años en comparación con 50.000 en fechas más recientes

2b Escucha otra vez y rellena los huecos con la información correcta.

1 San Pedro 2 1965 3 morados 4 blanco, conduce
5 aproximadamente

> **Transcript**
>
> La batalla del vino es una fiesta que se celebra anualmente durante la mañana del 29 de junio en la ciudad de Haro (La Rioja), España. Es el día de San Pedro y se celebra con esta antigua tradición que empezó en 1710. La fiesta fue declarada Fiesta de Interés Turístico Nacional en el año 1965.
>
> La fiesta consiste en tirarse vino tinto entre todos los participantes hasta que quedan completamente morados. Tiene lugar a unos 6 kilómetros al norte de la localidad de Haro, cerca de una ermita.
>
> Un poco antes de las siete de la mañana, la gente, toda vestida de blanco, camina o conduce hasta la zona de la batalla. Llevan el vino tinto en botas, botellas, pistolas de agua, calderos, sulfatadoras… todo lo imaginable para llevar el líquido. La batalla dura entre una y dos horas aproximadamente, dependiendo de la cantidad de vino. Cuando se terminan las municiones todos empiezan a secarse la ropa y se preparan para almorzar los famosos caracoles.
>
> La cantidad de vino usada varía con los años, desde los 20.000 litros estimados hace diez años hasta los 50.000 litros en fechas más recientes.

3a Lee el texto y busca le traducción de estas frases o palabras.

1 una secuela televisiva 2 de forma exagerada
3 un soplo de aire fresco 4 aún 5 se conocen en
6 atender/ (or cuidar) 7 como consecuencia
8 a través de 9 canales de televisión 10 caluroso
11 contando chistes

3b **Traduce al inglés el último párrafo del texto.**

> **Suggested answer**
>
> The Basque Country is shown as a rainy and very green place. Its inhabitants are colder, reserved and conservative, with very little sense of humour, good at cooking and playing pelota. They are people who speak their own language, Basque/Euskera, and who like to watch Basque television channels when they are away from the Basque Country. Andalucía/Andalusia is shown as a sunny and warm place, colourful and traditional. The Andalusians are presented as open, funny, religious, lovers of sevillanas/Sevillian dances and partying, and constantly telling or playing jokes. They are more emotionally expressive people, who give hugs and kisses to express their affection. These are typical stereotypes that many identify with the regional identity of the Basque Country and Andalucía, but they are not always the reality.

3c **La serie "Allí abajo" presenta muchos estereotipos relacionados con los vascos y los andaluces. Después de leer el texto, ¿puedes decidir en qué columna poner los siguientes?**

Los vascos:
3, 4, 6, 7, 9

Los andaluces:
1, 2, 5, 8

3d Answers will vary.

4 **Practica el subjuntivo y los números. Traduce estas frases al español.**

> **Suggested answers**
>
> 1   El español es la segunda lengua más hablada del mundo / OR: …el segundo idioma más hablado del mundo.
>
> 2   El quinto plato es mi favorito. No creo que los cocineros vascos lo preparen bien.
>
> 3   El 65 por ciento de la población puede comunicarse en la lengua regional.
>
> 4   Es importante que se mantenga este festival/ esta fiesta para las generaciones futuras.
>
> 5   Es una pena/lástima que no puedas comer estas cinco tapas. ¡Están deliciosas/muy ricas!
>
> 6   La lengua oficial de esta región es el español, pero los padres también quieren que sus hijos estudien en el colegio la lengua regional: el vasco, catalán o gallego.
>
> 7   Las especialidades de marisco de Galicia ocupan el tercer lugar en la lista de platos más populares.
>
> 8   Varias regiones de España tienen su propio dialecto. Hay un acento diferente en todas las regiones.

9   La población de las Canarias disfruta del carnaval cada año. Te recomiendo que visites las islas el próximo febrero.

10   No creo que las tradiciones y costumbres de Andalucía sean representativas de las del resto de España

5 Answers will vary.

6 | El patrimonio cultural

Introductory spread

1 **¿Cuántos de estos nombres reconoces? Divídelos en tres grupos: artistas, arquitectos y músicos.**

Artistas: 1, 7, 8, 10
Arquitectos: 2, 6
Músicos: 3, 4, 5, 9

2 Answers will vary.

3 **Lee la información en ¿Lo sabías? y decide si las frases son Verdaderas (V), Falsas (F) o No mencionadas (N).**

1 V   2 N (he was born in Medellín, Extremadura)
3 N   4 V   5 V   6 V   7 V

4 Answers will vary.

6.1 A: Sitios históricos y civilizaciones prehispánicas

1a **Lee el texto y busca el español.**

1 riqueza   2 paraíso   3 reúnen   4 edificios
5 impresionantes   6 habitantes

1b **Traduce el texto al inglés.**

> **Suggested answer**
>
> Throughout the Hispanic world, we can find sites of historical and touristic interest that remind us of the architectural and cultural wealth of our past. Spain, for example, is considered by many experts to be the paradise of architecture, as few countries in the world gather together/have so many architectural styles and such beautiful buildings.

On the other side of the Atlantic, there is also a huge number/quantity of impressive monuments and historical buildings in each Spanish-speaking country, as well as all the archaeological ruins left by the inhabitants of pre-Columbus America.

2 Desarrolla tu conocimiento del vocabulario para este tema. Empareja las siguientes palabras.

1 d   2 h   3 c   4 b   5 e   6 f   7 i   8 j   9 a   10 g

3 Lee las frases y apunta V (Verdadero) o F (Falso). Luego corrige las frases falsas utilizando Internet si lo necesitas.

1 V   2 V   3 F   4 F   5 V   6 V

Corrections required: 3 México → Guatemala
4 Tigres → Leones

4a Escucha este informe sobre dos sitios históricos de Sevilla: la Torre del Oro y la Giralda. Selecciona las cuatro frases correctas según lo que has oído.

2   4   6   8

4b Escucha otra vez. Empareja cada número con su definición.

1 d   2 c   3 e   4 b   5 a

Transcript

La Torre del Oro fue construida en el siglo trece y es uno de los grandes símbolos de la ciudad de Sevilla. Mide 36 metros de altura y está situada al lado del Río Guadalquivir. Ha sido utilizada como capilla, prisión y museo a lo largo de los años. El nombre de Torre del Oro se explica por el color dorado que tiene cuando los rayos del sol se reflejan en el monumento. La razón son los materiales que fueron usados para construir la Torre. La leyenda dice que este monumento fue utilizado por el Rey Pedro I el Cruel como lugar para encontrarse con sus amantes mientras su esposa estaba en el Palacio.

La Giralda es el campanario de la Catedral de Sevilla, uno de los monumentos más fotografiados de la ciudad. Mide aproximadamente 104 metros de altura. Gran parte de este monumento fue construido en el siglo doce. Era el alminar o mirador de una mezquita. Los árabes construyeron 35 rampas para poder subir a caballo. Cuando los cristianos destruyeron la mezquita, decidieron mantener la Giralda como campanario de la nueva Catedral. Cada año, más de un millón de turistas visitan la Catedral de Sevilla y la Giralda, y todos describen la experiencia como inolvidable y única.

5 Lee el texto "La huella romana en España". Escribe un resumen de 70 palabras.

Suggested answer

The Romans were on the Iberian peninsula for seven centuries. They left their mark on the food, language, religion and art of Spain. The Roman aqueduct (15 kilometers long) in Segovia is still in use. To protect it, traffic is not allowed to pass under its arches. The Roman theatre at Mérida is significant both because it is a UNESCO heritage site and because it is home to the International Festival of Classical Theatre.

6 Escribe un blog de unas 200 palabras sobre la importancia de los sitios históricos en nuestra sociedad.

Suggested answer

It is very important to preserve our heritage for future generations. It is part of our history and our make-up as a society.

It creates jobs, and tourism (visitors to those places) brings money to the economy

Measures/initiatives to protect heritage:

(1) allowing visits only at certain times; (2) charging a fee and giving out fines when damage occurs; (3) education in schools; (4) awareness campaigns in the media; (5) more conversation at home by parents regarding the importance of keeping/looking after places of local/national historical interest.

6.1 B: Sitios históricos y civilizaciones prehispánicas

1a Answers will vary.

1b Utiliza Internet para investigar las características claves de la civilización inca, de la civilización maya, y la civilización azteca. Toma notas y discute con un(a) compañero/a las diferencias que encuentras entre ellas.

Suggested answer

The Maya civilisation was a Mesoamerican civilisation developed by the Maya peoples, and noted for its hieroglyphic script — the only known fully developed writing system of the pre-Columbian Americas – as well as for its art, architecture, mathematics and astronomical system. The Maya civilisation developed in an area that goes from southeastern Mexico, through all of Guatemala and Belize, to the western portions of Honduras and El Salvador.

The Aztecs arrived in Mesoamerica around the beginning of the 13th century. From their capital city, Tenochtitlan, the Aztecs emerged as the dominant force in central Mexico, developing a complex social, political, religious and commercial organisation that brought many of the region's city-states under their control by the 15th century. An invasion led by the Spanish conquistador Hernan Cortés overthrew the Aztecs by force and captured Tenochtitlan in 1521, bringing an end to the Aztec civilisation.

The Inca civilisation developed in ancient Peru between c. 1400 and 1533 CE, and their empire eventually extended across western South America from Quito in the north to Santiago in the south. It became the largest empire seen in the Americas. The Incas became known for their unique art and architecture, as they built imposing buildings wherever they conquered.

2 **Completa el texto sobre Copán, en Honduras, escogiendo la palabra más apropiada de la lista.**

1 kilómetros 2 bellos 3 fundado 4 científico
5 monumento 6 altar 7 talladas 8 zona

3 **Escucha este reportaje sobre una visita a Machu Picchu. Luego, contesta las preguntas.**

1 hace dos años

2 uno de los lugares más espectaculares y bellos del planeta

3 un antiguo poblado inca

4 Machu Picchu fue declarada una de las Nuevas Siete Maravillas del Mundo.

5 andando o por carretera

6 Dos de los siguientes: la ciudad más grande cerca de Machu Picchu OR Fue la capital del imperio inca (antes de la llegada de los españoles) OR Hoy en día residen/viven en la ciudad más de 400.000 habitantes.

7 Quieren proteger el lugar del impacto medioambiental que pueden causar los turistas que lo visitan.

8 inolvidable

Transcript

— Hace dos años visité Machu Picchu. Fui con dos amigas de la universidad. Las tres estudiamos español y queríamos ver en persona uno de los lugares más espectaculares y bellos del planeta. Machu Picchu está al sur de Perú y es un antiguo poblado inca, una de las civilizaciones prehispánicas. En 2007 fue declarada una de las Nuevas Siete Maravillas del Mundo.

— Se puede llegar a las ruinas arqueológicas andando o por carretera, pero es agotador y el acceso es limitado. El pueblo más cercano es Aguas Calientes, a dónde sólo puedes llegar en tren o helicóptero desde Cuzco, la ciudad más grande cerca de Machu Picchu. Antes

de la llegada de los españoles en el siglo dieciséis, Cuzco fue la capital del imperio inca. Hoy en día en la ciudad residen más de 400.000 habitantes.

— El acceso a Machu Picchu es difícil y está controlado por las autoridades para proteger el lugar del impacto medioambiental que pueden causar los turistas que lo visitan. Mis amigas y yo disfrutamos mucho de la experiencia. Fue inolvidable.

4a **Todas estas frases tienen un verbo en subjuntivo. Tradúcelas al inglés.**

Suggested answers

1 It is important that the authorities ban traffic near historical sites.

2 I/He/She doubted that you would have found the mosque interesting.

3 I am surprised these archaeological ruins are not protected.

4 My parents want me to go to the Roman Theatre when I visit Merida.

5 He/She doesn't think that the Arabs have left such an important footprint/mark in Spain.

6 Centuries ago it was normal for travellers to visit that palace.

4b **Traduce al español. ¡Cuidado! Todas las frases necesitan el subjuntivo.**

Suggested answers

1 Es increíble que hayan construido una ciudad en las montañas.

2 Me sorprende que la mezquita sea parte de la visita.

3 No creo que los jóvenes comprendan/ entiendan la enorme importancia de las civilizaciones prehispánicas.

4 Me gustaría que tuvieras la experiencia de unas vacaciones en Méjico.

5 Era posible que no aceptaran los nuevos cambios.

5 **Discute con un(a) compañero/a las siguientes preguntas.**

Suggested answer

• They would like to visit some of these monuments/sights or all of them.

• The type of architecture preferred will depend on each student.

• It is essential to preserve these monuments or sights for future generations as it is part of a country's historical and artistic heritage.

• In addition, it is very important to learn about them in our schools as they are part of our World Heritage.

- To preserve them we can raise awareness about their existence and importance; e people, especially young people about them; apply strict laws/guidelines for the visitors and those who work in them.

6.2 A: Arte y arquitectura

1 En grupo o con un(a) compañero/a, discute las preguntas. Justifica tus opiniones.

Suggested answer

- I do not like modern art because it looks as if children could do it. / I like modern paintings that are very colourful and grab your attention because they make me feel happy.

- For me art is not very important because there are other things such as… which interest me more. / Yes, for me, art is important. I like to paint and also to look at the works of famous artists.

- In my city/town I have visited …/ In London I went to the National Gallery where I saw …/ When we were in Madrid I went to the Prado and Reina Sofía. I preferred the Reina Sofía because I prefer modern art.

- I prefer impressionism/ modern art / portraits / urban art. My favourite artist is … because… In general, I prefer classical art/modern art because in my opinion…

2a Lee el texto y busca frases o palabras que signifiquen lo mismo.

1 terminado 2 secular 3 cotidiana 4 cuadro
5 una ráfaga 6 en contra 7 transitorio/a

2b Contesta las siguientes preguntas en español.

1 Era de Sevilla.
2 Le gustaba pintar escenas de la vida cotidiana.
3 Son las criadas que cuidan a la Infanta Margarita.
4 porque ocupan una posición central en el lienzo y se puede ver que atienden a la infanta
5 Los enanos entretenían a los miembros de la Corte.
6 La pintura captura un momento transitorio en la vida de estas personas que nos recuerda que la vida es efímera.

2c Traduce al inglés el segunda párrafo del texto.

Suggested answer

There are different interpretations for this picture, "Las Meninas", but the most logical is that what we see is what the king saw whilst Velázquez was

painting his portrait. The king is observing what is going on from the same viewpoint as we are. He sees his reflection in the mirror, by the side of his wife, the queen; he sees his daughter, Princes Margarita, in the centre of the picture, lit by a shaft of light in a room which otherwise is quite dark; accompanied by her ladies in waiting (las meninas), she has come to see her father while Velázquez is painting his portrait; the king sees his dwarves whose role it is to entertain him; he sees his painter with his brush (and in this self-portrait by Velázquez we see that he is an important man because he is wearing the cross of St James). It is a painting that captures one moment in the life of all these people, a transitory moment whose message, if you are looking for a symbolic meaning, could be interpreted as a representation of the transitory nature of life.

2d Utiliza el texto para traducir estas frases al español.

1 En el Museo del Prado hay muchas pinturas de fama universal.
2 Velázquez era el pintor favorito de la Corte del Rey Felipe IV.
3 El personaje central en "Las Meninas" de Velázquez es la hija del rey.
4 Una interpretación de esta pintura es que la vemos a través de los ojos del rey.
5 Es sorprendente que Velázquez haya incluido un autorretrato en "Las Meninas".

3 Completa las frases con el adjetivo demostrativo más apropiado.

1 este; aquella 2 este 3 aquellos
4 este; este/ese/aquel

4 Escucha el reportaje sobre el arte en Latinoamérica y contesta las preguntas.

1 Latin America is made up of many countries with a variety of climates, geographies and distinct cultural heritages.
2 Mexico
3 1957
4 He was a communist and atheist.
5 in New York (Rockefeller Center)
6 She painted in the naïve style and painted many self portraits.
7 1932 in Colombia
8 fat
9 1948 in Argentina
10 They are very big – huge.

Transcript

Primera parte

— Latinoamérica está formada por muchos países distintos, cada uno con sus propias experiencias culturales e históricas. Cubre una superficie de más de veinte millones de kilómetros cuadrados; presenta una gran diversidad geográfica, biológica y climática. Así, no es de extrañar que no se pueda definir su arte como una entidad única. Sin embargo, hay una característica común: la presencia de tres distintas herencias culturales: india, europea y africana y a menudo es bastante fácil reconocer aquellos rasgos en la obra de artistas de distintos países.

Segunda parte

— Algunos artistas latinoamericanos de los siglos veinte y veintiuno: Dos artistas mejicanos muy famosos son Frida Kahlo del 1907 a 1954 y su marido Diego Rivera del 1886 a 1957. Este fue un famoso muralista mexicano que estuvo rodeado siempre por el escándalo. A pesar de ser comunista y ateo llegó a pintar para el mismísimo Rockefeller, ¡aunque el mural que realizó en el centro Rockefeller en Nueva York fue más tarde destruido por tener una figura similar a Lenin! En cuanto a Frida, fue tras su muerte cuando se revalorizó su obra. Pintaba con un estilo naif y ejecutó muchos autorretratos en los cuales expresaba sus emociones.

Tercera parte

— Fernando Botero, que nació en 1932 en Colombia, es un pintor figurativo, famoso por distorsionar las formas hacia una gordura extrema. Sus pinturas y esculturas son fáciles de identificar. Es uno de los artistas latinoamericanos vivos más apreciados hoy en día.

— Ricardo Cinalli, que nació en 1948, es argentino y hoy vive entre Londres y Buenos Aires. Es uno de los muralistas más reconocidos del momento. Le encanta el cuerpo humano y sus esculturas y murales tienen dimensiones titánicas.

5 Elige el artista español o latinoamericano que más te guste. Busca información sobre esta persona y escribe un reportaje de 200 palabras sobre su obra, explicando por qué te gusta.

Points that could be mentioned:

Popular artists: Velázquez, Goya, Joan Miró, Frida Kahlo, Diego Rivera, Joaquin Sorolla

Example:

My favourite artist is Diego Velázquez.

He was born in Seville in 1599 and after studying art under a Sevillan artist who was called Francisco Pacheco he went to Madrid where his talent was recognised by the king, who appointed him official painter to the court …

My favourite painting is …

I like it because …

6.2 B: Arte y arquitectura

1 Discutid en grupo sobre la arquitectura en general. ¿Hasta qué punto estáis de acuerdo con estas frases?

Suggested answer

It is true that good architecture is a form of art which contributes to a sense of well-being. For example compare a city the architecture of which is beautiful with one where it is ugly. In which of the two would you feel better?

There are some buildings which are very beautiful, for example. And there are others which are not necessarily beautiful but which are good examples of interesting architecture which enriches life – for example …

I would affirm that to live or work in a pleasant building inspires us – for example, if you live in a modern house with lots of light and space, you are going to feel comfortable and peaceful. If you study in a school that was designed with care and with all the necessary installations, you are going to feel better and study more.

2a Lee el texto y decide si las frases son Verdaderas (V), Falsas (F) o No mencionadas (N).

1 F 2 V 3 N 4 V 5 V 6 N 7 F

2b Escribe un resumen de unas 70 palabras del texto sobre Antoní Gaudí.

Points that could be mentioned:

Active: first two decades of 20th century (died in 1926); modernist architect. Modernism Spanish equivalent of Art Nouveau.

Originally influenced by Gothic and Mudejar styles but then predominant influence was nature with its undulating (organic) forms.

Died before Sagrada Familia was completed. Most famous work. World class. Work on this continues under various architects. Due to be finished 2026. Other examples of his work are Casa Milá – famous rooftop; Casa Batlló – beautiful façade. Parque Guell – ceramic sculptures and walls.

3 Traduce las frases al español.

> **Suggested answers**
>
> 1 Los ejemplos maravillosos de la arquitectura construida por los moros en Andalucía son testamento a su alto nivel de cultura.
>
> 2 La mezquita en Córdoba es una de las más antiguas del mundo.
>
> 3 Sus arcos y columnas en el interior se parecen a un bosque en el que es fácil perderse.
>
> 4 Hay los que no están de acuerdo que la Sagrada Familia sea una de las joyas de la arquitectura española.
>
> 5 Entre sus edificios en Barcelona Gaudí es conocido por la hermosa Casa Batlló y la Pedrera cuyas chimeneas son fantásticas.
>
> 6 Con sus esculturas cerámicas vivas y sus formas orgánicas, el Parque Güell es un sitio emocionante para visitar.

4 Escucha el reportaje sobre César Manrique y contesta las preguntas.

1 en Lanzarote en 1919

2 convertir su isla natal en uno de los lugares más hermosos del planeta / mostrar la belleza de Lanzarote al mundo

3 ecologista y conservador de monumentos

4 arte y pintura

5 los años 60

6 materiales tradicionales/naturales

7 un espacio natural con cinco burbujas volcánicas

8 Tenerife

9 un centro de ocio

10 en 1992 tras un accidente de tráfico

Transcript

Lanzarote, una de las islas canarias, era la tierra natal de César Manrique (1919) cuyas metas eran, según sus propias palabras "convertir mi isla natal en uno de los lugares más hermosos del planeta" y de "mostrar la belleza de Lanzarote al mundo".

Se puede describir a Manrique como pintor, arquitecto, ecologista y conservador de monumentos, pero es interesante a notar que solo tuvo formación formal en arte y pintura cuando estudió en Madrid, después de abandonar la carrera universitaria de arquitectura.

Los esfuerzos de Manrique para conseguir su loable fin comenzaron en los años sesenta, con varios proyectos ambiciosos. En sus creaciones, que respetan el estilo arquitectónico de la isla, utilizó materiales tradicionales que integró en la naturaleza. Esto se ve claramente, por ejemplo, en su propia casa donde creó un oasis en medio de un río de lava petrificada. En el subsuelo, Manrique se aprovechó del espacio natural formado por cinco burbujas

volcánicas que fueron comunicadas entre sí, a través de pequeños pasillos, mientras que en la planta superior se inspiró en la arquitectura tradicional de Lanzarote, a la que se incorporaron elementos modernos.

Hay también muchas obras de Manrique en otras islas canarias. Entre sus proyectos de mayor escala destaca el Lago de la Costa de Martiánez en el Puerto de la Cruz, Tenerife. Se trata de un complejo de ocio formado por un lago artificial central y un conjunto de piscinas, jardines, terrazas y restaurantes. Desgraciadamente César Manrique falleció en 1992 tras un accidente de tráfico.

5 Answers will vary.

6.3 A: El patrimonio musical y su diversidad

1 ¿Reconoces algunos de estos nombres? Empareja las dos partes de cada frase y luego tradúcelas al inglés.

1 c 2 a 3 b 4 f 5 d 6 e

> **Suggested answers**
>
> 1 Isaac Albéniz and Enrique Granados were two classical composers who were born in the 19th century and died in the 20th.
>
> 2 María de Montserrat Caballé is a Spanish soprano singer.
>
> 3 Violeta Parra was a Chilean singer, composer and social activist who mixed elements of folk music in her lyrics with criticism of society.
>
> 4 Joan Manuel Serrat is a Spanish singer, composer, poet and musician whose works are influenced by other poets such as Antonio Machado, Miguel Hernández, Rafael Alberti and Federico García Lorca.
>
> 5 José Plácido Domingo is a Spanish tenor, orchestra director, producer and composer who formed part of the Three Tenors with the Italian Luciano Pavarotti and his compatriot José Carreras.
>
> 6 Orishas was a Cuban hip hop group with international fame whose music contributed to establishing an afro-cuban identity.

2 Escucha esta información sobre el compositor Joaquín Rodrigo y sus obras. Luego contesta las preguntas.

1 Valencia

2 22 noviembre de 1901

3 Santa patrona de la música

4 Fue ciego como consecuencia de la difteria a la edad de 3 años.

5 refinada; optimista

6 las formas clásicas con que se mezclaban cultos como forma de unión entre la tradición española y el presente

7 Dos de: (1) conciertos, (2) canciones, (3) obras corales, (4) obras instrumentales, (5) música para cine y escena

8 guitarra y orquesta

9 Dos de los tres: el perfume de los magnolios / el canto de los pájaros / el rumor de las fuentes del parque

Transcript

El famoso compositor español, Joaquín Rodrigo, nació en el pueblo de Sagunto, en Valencia, el 22 de noviembre de 1901, día de Santa Cecilia, patrona de la música y falleció en Madrid, en 1999. A los tres años de edad, perdió la vista como consecuencia de una epidemia de difteria.

La música de Joaquín Rodrigo, refinada, luminosa, con evidente predominio melódico y con armonía original, representa un homenaje a las distintas culturas de España. Su estética, denominada por el propio compositor "neocasticismo", se caracteriza por el gusto por las formas clásicas incorporando elementos cultos como forma de unión entre la tradición española y el presente.

La fecunda y variada creación musical de Joaquín Rodrigo incluye once conciertos para distintos instrumentos, obras sinfónicas para diversas formaciones, más de sesenta canciones, obras corales e instrumentales, y música para escena y cine. El Concierto de Aranjuez, para guitarra y orquesta, escrito en París en 1939, es un claro ejemplo de su personalidad y la primera de sus obras que le darían fama universal. Síntesis de lo clásico y lo popular de forma y sentimiento, el concierto toma su nombre del famoso Real Sitio a orillas del Tajo, su música parece revivir el ser de la Corte dieciochesca, en la que lo aristocrático se fundía con lo popular, y en sus temas se diría que persiste el perfume de los magnolios, el canto de los pájaros y el rumor de las fuentes del parque que rodea el Palacio barroco.

3a Traduce estas frases al español, usando la forma singular *usted* del imperativo.

Suggested answers

1 Si le gusta la música, escuche el Concierto de Aranjuez.

2 Escúchelo.

3 Vaya al teatro para ver "El Sombrero de Tres Picos".

4 ¡Visite Cataluña y baile la sardana!

5 No olvide que el flamenco se origina por una mezcla de culturas.

3b Ahora tradúcelas usando la forma plural *ustedes*.

Suggested answers

1 Si les gustan la música, escuchen el Concierto de Aranjuez.

2 Escúchenlo

3 Vayan al teatro para ver "El Sombrero de Tres Picos".

4 ¡Visiten Cataluña y bailen la sardana!

5 No olviden que el flamenco se origina por una mezcla de culturas.

4a Antes de leer este fragmento del poema "Retrato", empareja la palabra o la frase con su definición.

Words /phrases from poem	Definitions
un huerto	sitio en el que se cultivan legumbres, verduras y frutas
ni un seductor Mañara ni un Bradomín	dos mujeriegos famosos
torpe aliño indumentario	ropa no muy elegante o de moda
la flecha que me asignó Cupido	me enamoré
la nave	un barco

4b Contesta estas preguntas según la información en el poema.

1 Nació en Sevilla y no pasó muchos años allí – sólo su infancia. Luego pasó su juventud en Castilla.

2 Parece ser una infancia acomodada porque su casa tenía un patio y un huerto.

3 No le interesaba mucho la ropa porque hable de su "torpe aliño indumentario" y también parece honrado y modesto – no era mujeriego; quiere que su poesía sea su legado.

4 En la última estrofa habla de su muerte.

5 Contesta las siguientes preguntas, luego discute el tema con un(a) compañero/a o en un grupo.

Suggested answer

For me it's important because: it helps me relax; it is a good pastime; it connects me with my friends because we have the same taste in music; it motivates me to do other things like going to the gym and studying; it helps me express my feelings.

Learning a musical instrument should be compulsory in schools:

Yes, because: it is a good discipline; it is good to give the opportunity to everyone etc.

No, because: many people would not be interested in that; not everyone has the gift to learn an instrument etc.

Learning to play

Advantages: being a member of a group or orchestra can be a great social activity; it is a very enjoyable pastime.

Disadvantages: you have to practise a lot and that can be boring.

6.3 B: El patrimonio musical y su diversidad

1a Lee el artículo. ¿Cuál de los bailes regionales mencionadas en el texto es: el más conocido? el que se baila en varias provincias? el que se baila en el noreste del país?

1 el Flamenco   2 la Jota   3 la Sardana

1b ¿Qué simbolizan los libros sagrados de las distintas religiones que se han colocado en el Museo del Baile Flamenco?

Los libros sagrados simbolizan que el flamenco ha evolucionado a través de una mezcla de muchas culturas.

1c Traduce las frases al español.

Suggested answers

1   Hay muchos bailes regionales in España pero el más conocido es el flamenco.

2   Si quieres descubrir más sobre el flamenco, hay mucha información en el Museo de Baile Flamenco en Sevilla.

3   Es importante recordar que el flamenco se ha desarrollado por una mezcla de muchas culturas.

4   Una rama de olivo es un símbolo de la paz y por eso hay una en el museo.

5   Hoy en día el flamenco tiene muchos seguidores por todo el mundo.

1d Escribe un resumen de unas 70 palabras del texto, desde "Desde 2010" hasta "una rama de olivo".

Suggested answer

In 2010 flamenco was nominated as an instance of World Cultural Heritage.

Flamenco has its own jargon, some of which has passed into popular parlance.

For music it relies on voice, hands and guitar.

El Museo de Baile Flamenco was founded in Seville by Cristina Hoyos. In its foundations a copy of the sacred scriptures of several religions and an olive branch were placed – symbol of the mixed cultural heritage of flamenco and of peace.

2a Escucha la primera parte de este reportaje sobre "El sistema" de Venezuela y decide si estas frases son Verdaderas (V), Falsas (F) o No mencionadas (N).

1 F   2 V   3 V   4 F   5 N

2b Ahora escucha la segunda parte y rellena los huecos con la palabra adecuada.

1 desventajas 2 aprendizaje 3 luminoso
4 asegura 5 orgullo 6 barrio 7 despierta
8 ocultas 9 800 10 500.000

2c Tras escuchar la tercera parte, contesta las preguntas siguientes en frases completas.

1   Los niños desarrollan una concepción estética y empiezan a apreciar la belleza en todo.

2   Han viajado a Europa y a las Américas.

3   Otros países han sido inspirados y han instalado sus propios proyectos.

Transcript

Primera parte

El Sistema

—   El fundador del Sistema de Orquestas de Venezuela, el economista venezolano José Antonio Abreu, cree que no existen niños sin talento para la música y con esa premisa su meta es que todo venezolano sea músico y que la música les ayude a vencer temores, subir la autoestima y amar lo bello de la vida. "Cualquier niño tiene el potencial del arte musical y el desarrollo orquestal; lo que yo hago es potenciar esa vocación", asegura Abreu. Nos recuerda que el proyecto sinfónico que se conoce como "El Sistema" y que fundó hace 40 años es más social que artístico y su principal objetivo es "rescatar a través de la música a niños y jóvenes de medianos y bajos recursos".

Segunda parte

—   A un niño que nace con desventajas sociales, el aprendizaje de un instrumento musical "le abre un camino luminoso", le "ennoblece" y "dignifica", asegura Abreu que señala que ese chico músico, además, llena de orgullo a su familia, a su barrio y a sí mismo al poder representar con dignidad a su país en cualquier parte del mundo.

—   "El desarrollo de la música despierta muchas potencialidades intelectuales ocultas en los niños, por ejemplo favorece el talento matemático", apunta el fundador de más de 800 orquestas y casi 400 coros venezolanos que componen "El Sistema", en el que se forman más de 500.000 chicos y jóvenes.

Tercera parte

—   Destaca que a lo largo de estos 40 años ha podido observar como los niños que ingresan en el Sistema desarrollan una concepción estética, y "empiezan a apreciar la belleza en todas sus manifestaciones", no solo en su manifestación artística, sino "la belleza de la vida misma".

— Abreu dice que su idea es que este proyecto no pare de crecer y que cada niño pueda participar en las orquestas, meta que cree posible pues el Estado venezolano ha apoyado plenamente al Sistema. Las orquestas de "El Sistema" han participado en varias giras por el extranjero, en Europa y en las Américas, por ejemplo, y esta experiencia de "El Sistema" fuera de sus fronteras ha hecho que otros países se animen a instalar un programa social musical inspirado en el proyecto nacional. Ese es el caso de Gran Bretaña, Francia, Grecia, Estados Unidos, la mayoría de los países de Suramérica y parte de Centroamérica y el Caribe.

3 Escribe unas 150 palabras sobre el siguiente tema. Primero estudia las tres fotos sacadas en Venezuela.

Suggested answer

The first photo illustrates the precarious living conditions that the people on the margins of society in Venezuela have to endure. The second shows how learning to play a musical instrument and succeeding can raise self-esteem. The third shows a youth orchestra whose members have all had this opportunity.

Can learning a musical instrument change a child's life? Yes, I think it can, because El Sistema shows that it can as do similar projects in other countries.

Can playing in an orchestra change lives? Yes I think so. If you are a member of an orchestra you learn much about life, such as working as part of a team, responsibility; everyone is a part of the whole and everyone relies on each other; it increases self-esteem.

Repaso: ¡Demuestra lo que has aprendido!

1 Lee las palabras que pertenecen a este tema y emparéjalas con su equivalente en inglés.

1 g 2 m 3 l 4 n 5 h 6 j 7 c 8 i 9 k 10 d 11 a 12 p 13 o 14 e 15 f 16 b

2 Completa las siguientes frases escogiendo la palabra apropiada de la lista. ¡Cuidado! Sobran palabras.

1 estructura 2 yacimientos 3 casi 4 una 5 por 6 sistemas 7 canales

3 Empareja cada persona o lugar con su descripción.

1 c 2 e 3 a 4 b 5 g 6 f 7 d

4 Analiza y traduce al inglés las frases siguientes. Pon especial atención en las palabras subrayadas.

Suggested answers

1 This dance, known as flamenco, is linked to the gypsy people and is danced throughout Andalusia/Andalucia.

2 Come to the concert of these two composers! Don't arrive/be late! (formal use of the imperative)

3 Go to the San Isidro celebrations this year and dance a chotis whilst you are there!

4 These participants must hold each other's hands as they [literally, 'and'] dance the Sardana every year during the celebrations of the Day of Catalunya/Catalonia.

Repaso: ¡Haz la prueba!

1a Lee le texto y busca los sinónimos.

1 despreciado 2 sin lugar a dudas 3 impactantes 4 infancia 5 muerte 6 marcar

1b Lee otra vez el texto y decide si las frases siguientes son Verdaderas (V), Falsas (F) o No mencionadas (N).

1 V 2 N 3 F 4 V 5 V 6 N 7 F

2 Completa el texto escogiendo la palabra apropiada de la lista.

1 raíces 2 sensual 3 abrazada 4 pasos 5 letras 6 expresar 7 sienten 8 se convirtió 9 perder 10 declaró

3a Escucha este informe sobre "Guernica", un cuadro de Pablo Picasso. Responde a las preguntas en español con la información necesaria, de forma breve y concisa. No es necesario hacer frases completas para todas las respuestas.

1 1937

2 el sufrimiento que la guerra produce en los seres humanos

3 gran tamaño y tres colores: blanco, negro y gris

4 seis seres humanos (entre ellos un guerrero y una madre en agonía por la muerte de su hijo), y un toro y un caballo

5 muere/murió Franco

6 cuando el país fuera una democracia otra vez

3b Escucha otra vez y selecciona las cuatro frases correctas según lo que has oído.

3 5 6 8

Transcript

"Guernica" fue pintado por Picasso en el año 1937, después del bombardeo del pueblo de Guernica en el País Vasco durante la Guerra Civil española. Es considerada una de las obras maestras del siglo veinte, no solo por su calidad artística sino por el mensaje que refleja: el sufrimiento que la guerra produce en los seres humanos.

"Guernica" es un cuadro que sorprende por su gran tamaño y porque está pintado únicamente en blanco, negro y gris. En el cuadro hay nueve símbolos: seis seres humanos (entre ellos un guerrero y una madre en agonía por la muerte de su hijo) y tres animales (un toro, un caballo y una paloma).

Después de la victoria del General Franco en la Guerra Civil española, España entró en un largo periodo de dictadura, hasta que Franco murió en el año 1975. Picasso dijo que quería que el cuadro volviera a España sólo cuando el país fuera una democracia otra vez. En 1981, el cuadro fue finalmente devuelto a España.

4 Practica la gramática que has aprendido. Traduce estas frases al español.

Suggested answers

1   Muéstreme/Muéstrame las diferencias entre los bailes regionales de España.

2   Me sorprende que nunca hayas/haya visto "Guernica". Está en una exposición permanente en el Museo Reina Sofía en Madrid.

3   ¡Dígame/Dime la verdad! ¿Le/Te gusta bailar flamenco y sevillanas o prefiere/prefieres tocar las castañuelas?

4   No creo que entiendas/entienda la calidad de esta obra maestra. Es el trabajo de un genio.

5   No se olvide/te olvides de que no puede/puedes visitar el palacio y el alcázar los domingos.

6   El gobierno quiere que los ayuntamientos cuiden de nuestro patrimonio nacional. Los colegios también deben promover nuestro arte, música y arquitectura.

5 Answers will vary.

6 Traduce al inglés este extracto sobre la Isla de Pascua, una isla de Chile, que se llama *Rapa Nui* en la lengua indígena.

Suggested answer

On Easter Island, in Chile, every February they celebrate the Tapati, the main festival on the island, and it lasts two weeks. There is a series of ancestral ceremonies such as an ancestral painting competition or the descent of some young people/men down a hill on tree trunks at great speed. There are typical dances from the island and they also choose the queen of the island, who is crowned on the first full moon of the month. Easter Island is a place protected by UNESCO, given that it has been a Word Heritage Site since 1995.

7 Answers will vary.

Dosier de cine y literatura

1 Dosier de cine A: Estudiar una película

1 Answers will vary.

2 Para comenzar, necesitas términos cinematográficos. Empareja cada término con su equivalente en inglés.

1 d 2 g 3 i 4 a 5 e 6 h 7 b 8 c 9 f 10 j

3a Traduce estas expresiones al inglés para hablar del argumento.

Suggested answers

1   The plot tells …

2   The plot describes …

3   The character is …

4   At the beginning of the film …

5   At the end of the film …

6   In this scene we see ….

7   This scene shows …

3b Descríbele a tu compañero/a una película que hayas visto. Tu compañero/a tiene que adivinar qué película es.

Suggested answer

Es una película de espionaje. Comienza con una misión en México donde el personaje principal mata a dos hombres que intentaban hacer estallar un estadio lleno de gente; al hacerlo el edificio dónde se encontraban explota y se colapsa. La historia sigue con el personaje principal intentando capturar a los villanos con muchos efectos especiales.

The film is *Spectre*.

4a Abajo hay una lista de adjetivos que puedes utilizar para describir los personajes de la película que has estudiado. Categorízalos y dibuja un diagrama de Venn.

P	P+N	N
valiente	prudente	engreído
encantador	sensible	malhumorado
fiel	conservador	cobarde
cortés	severo	ingenuo

P	P+N	N
fiable	coqueta	polemista
jovial		de mala leche
		tacaño
		terco
		falso
		soso

4b Answers will vary.

4c Mira estas imágenes de la película "El laberinto del fauno". Escribe una lista de adjetivos para predecir qué tipo de personajes son.

Suggested answer for picture 2

Es un monstruo que es espantoso, feo, inhumano; pero es posible que no sea malo.

4d Los personajes llevan adelante la acción, les pasan cosas y pueden evolucionar a lo largo de la película. Empareja cada tipo de personaje con su definición.

1 e 2 b 3 f 4 c 5 a 6 d

5 Aquí hay una lista de temas que a menudo se exploran en las películas. Utiliza Internet para emparejar los temas con una película. ¡Cuidado! Una película puede tener varios temas.

1 a 2 c 3 f 4 d 5 e 6 b

6a Empareja cada película de la actividad 5 con su ambiente cultural y el periodo histórico en que tienen lugar. Si necesitas ayuda, busca por Internet.

A El Laberinto del Fauno   **D** María, llena eres de gracia

B Las Trece Rosas   **E** Ocho Apellidos Vascos

C Abel   **F** Volver

6b Answers will vary.

7a Empareja cada plano con el equivalente en inglés.

a plano medio   **f** primer plano

b plano medio largo   **g** plano detalle

c gran plan general   **h** plano medio corta

d primerísimo primer plano   **i** plano americano

e plano entero   **j** plano general

7b Discute las preguntas siguientes con tu compañero/a. Luego contesta las preguntas en español.

Suggested answers

1   The director uses a variety of shots. These could be close-ups, long shots, medium shots etc.

2   He uses them to allow the audience to understand the feelings of the characters, to show relationships, to create tension etc.

3   The shots create meaning within the film and the audience is able to decode feelings, emotions and situations in the film.

4   Students could pick any film where shots have played an important role. For example, they could choose Ofelia's death at the start of *Pan's Labyrinth* with the extreme close-up of her face allowing us to see her blood running down and the impact this has on the viewer of intrigue and sadness.

7c Estos tipos de sonido (1–5) se oyen cuando ves una película. Decide si el sonido es diagético o incidental. Escribe D o I.

1 I   2 D   3 D   4 D   5 D

7d Answers will vary.

7e Mira las escenas de "Las trece rosas, La despedida de Blanca". Escribe 50 palabras sobre el uso del sonido en estas escenas. Utiliza las ideas de la actividad 7d para ayudarte.

Suggested answers

The music begins slowly and is melancholic reflecting the previous scenes high action.

The music slows down the pace of the film.

The sad music reflects the sad death of the boy's mother Blanca.

The music builds up the emotion with a crescendo of emotion at the end as the sadness of the situation sets in.

The music evokes feelings of sadness in the viewer.

7f Lee el texto y luego pon las frases siguientes en el orden en el que aparecen en el texto.

1 e   2 b   3 d   4 a   5 c

8 Mira una escena de "El Laberinto de Fauno" o elige otra película en español. Luego escribe 250 palabras donde analices la escena.

Suggested answers

The scene of the murder of the farmers by Vidal:

•   Two farmers are caught hunting rabbits and are suspected of being 'reds' (communists).

•   The farmers are shown to be poor and desperate to feed their families which juxtaposes with the cruelty of Captain Vidal who murders them.

•   This shows his evil sadism and lack of humanity.

•   The use of special effects is impressive as the Captain kills them with a bottle; almost making the scene unbearable to watch, especially with the close-ups.

•   The costumes of the Captain and his men reflect typical Fascists uniforms of the time.

1 Dosier de cine B: Ocho apellidos vascos

1a Este es un resumen del argumento de "Ocho apellidos vascos" por Emilio Martinez-Lázaro, el director de la película. Completa el texto, escogiendo la palabra más apropiada de la lista.

1 abandonar   2 conocido   3 seducción   4 consejos
5 corazón   6 apellidos   7 propósitos

1b Traduce el texto de la actividad 1a al inglés.

Suggested answer

Rafa, a man from Seville who has never left Andalusia, decides to leave his homeland to follow Amaia, a young Basque girl, who, unlike other women he has met, resists his seduction techniques. To do this, and against the advice of his friends, he decides to travel to the town of his intended (one), Argoitia, in the heart of the Basque nationalist country. A series of circumstances leads the young Sevillian to having to impersonate a genuine Basque person with eight surnames, and getting increasingly entangled in the character to achieve his intentions.

1c Answers will vary.

2a Estas son las descripciones de los cuatro personajes principales de la película. Decide cuál es la de Amaia, Rafa, Koldo o Merche.

1 Amaia   2 Rafa   3 Merche   4 Koldo

2b Decide qué adjetivos describe a Amaia (A), Rafa (R), Koldo (K) o Merche (M).

1 A 2 M 3 R 4 R 5 R/M 6 K 7 K 8 A 9 R

2c ¿Qué tipo de personaje son Amaia, Rafa, Koldo y Merche? Trabaja con un(a) compañero/a y justifica tus respuestas.

Suggested answers

Amaia/Rafa:

They are main characters. They move the plot along and are central to the action. The audience identify with them. They are also dynamic characters; they develop as they go along (especially Amaia). Their behaviour is stereotypical of their particular regions.

Koldo/Merche:

They are secondary characters who support the main leads. They participate in key events but are not central to the action. They are fairly static, particularly Merche; Koldo is slightly dynamic as he develops in his attitudes and beliefs.

2d Identifica una escena o una secuencia que demuestre estos aspectos de sus personalidades. Escribe un párrafo para cada personaje.

Suggested answers

Amaia:

the final scene where she realises she loves Rafa

as the main character she has moved the plot along

as a dynamic character she has changed from being stubborn and apathetic towards Rafa to showing signs of tenderness and love

Rafa:

the scene with the decision to go to the Basque country moves the plot forward and as such he is at the centre of the action

he is dynamic as he evolves from these initial stereotypes of Basque girls and the Basque region

in this scene he shows stereotypical qualities of an Andalusian male

Koldo:

the scene when he is introduced to Rafa

begins as a stereotypical Basque man who is suspicious of Andalusians

this is his first major scene setting him up as a secondary character

Merche:

the scene on the bus where she meets Rafa for the first time

she is a static character as she is consistently kind to all the other characters

she is a secondary character as this scene comes late in the film and she serves to support the main leads

3 Estos son algunos de los temas tratados en la película. Dibuja un mapa mental e identifica algunas escenas que demuestren estos temas.

Suggested answer

Basque identity:

the scene of Rafa's journey to the Basque country

the protest scene in the Basque country

scenes of Koldo on the fishing boat

Feminity:

the scene with Amaia and the wedding dress

the scene with the women in traditional costume at the wedding

the scene with Amaia and Rafa at the wedding where the female is seen as dominant

Andalucian identity:

the scene in the typical Andalusian bar

the scene at the Spanish wedding with the flamenco dresses

Rafa's friend discussing their perceptions of the Basques

The family:

the scene where Koldo meets Rafa and Amaia for the first time

the scene with Merche and Koldo on the sofa

the final scenes of the family all together

Masculinity:

the scene with Rafa's friends before he goes to the Basque country

the scene with Rafa with Amaia's father where he tries to prove his Basqueness

the scene with Rafa pretending to be a terrorist

Stereotypes:

the wedding scene where Rafa jokes about the Basque girls

the protest in the streets of the Basque country

the scene with Rafa with Amaia's father where he tries to prove his Basqueness

4 Answers will vary.

5a Mira algunos de los planos de la película. Escribe qué tipo de planos son, y el efecto que tienen en la audiencia.

> **Suggested answer**
>
> **Shot 1 – extreme close-up**
>
> the intimacy of the pair
>
> the feelings of lust they have for one other
>
> the intensity of the situation
>
> the audience is fully involved in the action
>
> **Shot 2 – wide shot**
>
> the typical family relationship shown
>
> Koldo as head of the family
>
> gives the impression we are watching from afar
>
> allows us to see all the characters' reactions
>
> **Shot 3 – medium shot**
>
> allows us to see the location of the characters on the sea
>
> side on view allows us to see the reaction to each other when they talk
>
> frames them at the centre of the action

5b Mira una escena y discute con tu compañero/a el uso del sonido. Utiliza las expresiones claves para ayudarte.

> **Suggested answer**
>
> Example scene: Rafa's arrival in the Basque country.
>
> Student's may answer that:
>
> • the incidental music of the soundtrack depicting the Basque country as a scary place with dramatic and tense music
>
> • the diegetic noise of the thunder and lightning
>
> • the diegetic noise of Rafa's script describing his nervousness
>
> • the music evoked notions that Rafa is scared about the Basque country
>
> • the viewer may feel the tension Rafa has about arriving in the Basque country

6 Mira una escena de la película. Luego, escribe 250 palabras analizándola.

> **Suggested answer**
>
> Example scene: the scene where Rafa meets Amaia's father (DVD: scene starts at 47 minutes into the film).
>
> Student's may answer that:
>
> • the comedy between Rafa and Koldo as he tries to prove is Basqueness
>
> • Koldo as a fierce proud Basque man
>
> • the tension between the Rafa and Amaia as they try to fool her father

> • Rafa as being kind in helping Amaia
>
> • Amaia wants to please her father
>
> • Koldo is very protective of his daughter
>
> • the costumes of the characters as depicting typical Basque people and the comedy effected by the change of Rafa's clothing
>
> • the way in which the diegetic sound of the script evoked Basque words
>
> • the medium shots allowing us to see the reactions of all the characters

2 Dosier de literatura A: Estudiar un libro

1 Discute con tu(s) compañero/a(s) las siguientes preguntas.

> **Suggested answers**
>
> • In learning a language it is good to read of a culture in its own language; we see how the language is used by native speakers; experience different styles of speaking and writing the same language; engage with cultural difference (the world of a Spanish writer is not the same as the world of a British writer).
>
> • In literature we meet characters that are different from us or from a world we have no experience of (both contemporary and historical) and this increases our understanding of others.
>
> • We react differently to novels as they engage our emotions and imagination; non-fiction gives us facts. Some people, however, also find factual accounts highly influential.
>
> • Literature can help us see the world from a wider perspective as writers are writing from a different worldview than our own.
>
> • We have to explore cultural and historical background; author; subject of the work; literary/cultural influences; characters; style; techniques.

2a Las palabras de la tabla de abajo son términos que se relacionan con obras literarias. Empareja cada palabra española con su equivalente en inglés.

1 j; 2 c; 3 i; 4 b; 5 l; 6 a; 7 k; 8 m
9 f; 10 h; 11 o; 12 n; 13 e; 14 d; 15 p; 16 g

2b Decide qué palabras se refieren a una novela (N), una obra teatral (OT) o un poema (P).

1 N 2 OT 3 P 4 OT 5 OT 6 P 7 N 8 N
9 OT 10 OT 11 P 12 OT 13 P 14 N
15 OT 16 N

3a Answers will vary.

3b Answers will vary.

4a ¿Cómo describir a un personaje? Estos puntos te darán una idea de lo que debes incluir en el estudio de un personaje, pero primero tendrás que emparejar las dos partes de cada frase.

1 d 2 f 3 g 4 b 5 c 6 a 7 e

4b Una vez emparejadas las dos partes de las frases, tradúcelas al inglés.

Suggested answers

1   If relevant, describe the physical appearance of the character and explain what his/her appearance reveals about him/her as a person.

2   Discuss the background of your character. If they are mentioned, include details about his/her personal history, because inevitably a person's history/background influences their personality and personal development.

3   Write about the character's personality. What values does he/she show through his/her words and actions?

4   Analyse the character's relationship with the other characters.

5   Describe how the character changes or grows as the plot progresses.

6   Analyse the language that the character uses throughout the work.

7   Back up your essay with evidence from the text.

4c Aquí tienes una lista de adjetivos para describir a los personajes de una novela u obra de teatro. Ponlos en la sección adecuada.

positivo	positivo y negativo	negativo
contento	vago	egoísta
generoso	serio	agresivo
pacífico	orgulloso	malhumorado
modesto	sensible	introvertido
agradable	ambicioso	triste
animado	raro	tímido
simpático	polemista	tonto
trabajador		ingenuo
sensato		venenoso
encantador		tacaño
amable		pesimista
optimista		perezoso
sincero		antipático

positivo	positivo y negativo	negativo
tolerante		de mentalidad cerrada
fiel		
cortés		
valiente		
alegre		
tranquilo		

5 Empareja cada técnica del autor con su definición.

1 c 2 e 3 g 4 b 5 a 6 d 7 f

6a Empareja cada obra de la lista de libros prescritos con su género (novela/obra de teatro/poema), su ambiente cultural y el periodo histórico en que tiene lugar. Algunos serán obvios pero si necesitas ayuda, busca por Internet.

1 b 2 f 3 a 4 e 5 g 6 c 7 d

6b Answers will vary.

7a Lee el breve resumen abajo de "Requiem por un campesino español". Luego contesta las siguientes preguntas.

1   Los protagonistas son Paco del Molino y el cura, Mosén Millán.

2   Sí, Mosén Millán juega un doble papel porque es un personaje en la novela y también es el narrador.

3   Sí, hay mención be varios personajes secundarios – Águeda; el padre de Paco; el monaguillo; la Jerónima y los hombres que asisten al réquiem.

4   Creo que dos temas de la novela son una crítica de la iglesia y el horror de la guerra civil. He sugerido estos temas porque en el resumen dice que el cura representa la iglesia en una crítica de su papel antes de la guerra y también hay esta referencia al asesino de Paco durante la preguerra.

7b Lee un fragmento de "Requiem por un campesino español" u otro libro español. Luego utiliza la evidencia que contiene para escribir unas 250 palabras.

Suggested answers

The character of Paco: he is only six years old but he is independent, he has a great deal of freedom, he has many friends but he also likes to visit the priest. He is curious and ingenuous: he is surprised to discover that the priest wears trousers under his cassock. He is afraid when he learns that owls are birds of prey/pests.

Background: the village is fairly primitive; the children do whatever they like; the animals are maltreated but at the same time there is a spirit of community – 'you wipe the nose of your neighbour's child'.

What happens and development of characters: Mosén Millán is happy and proud that Paco visits him of his own accord and that the child is interested in the church; it is taken for granted that the images he gives him are religious images and so it appears that the priest is trying to educate the boy. Paco considers the priest as a 'special' sort of person and thinks everyone else thinks the same. ('And you don't?', he asks the cobbler.)

Techniques and styles: sarcasm is revealed in the cobbler's reply. The reader asks why the cobbler isn't a friend of the priest. It is clear that he thinks priests are dangerous, but are there other reasons?

2 Dosier de literatura B: La casa de Bernarda Alba

1 Completa este resumen de "La casa de Bernarda Alba" por Federico García Lorca, escogiendo las palabras más apropiadas de la lista.

1 esposo 2 luto 3 prohibiendo 4 salgan
5 primogénita 6 fortuna 7 simultáneamente
8 amante 9 se entera 10 disparo

2 Lee los siguientes fragmentos del texto. Decide qué nos dice cada uno sobre el carácter de Bernarda y qué técnicas (A, B, C, D) ha utilizado el autor.

1 authoritarian; 2 demanding; 3 nosey, class-conscious; 4 unsympathetic, hard hearted, class-conscious; 5 dominant, demanding, authoritarian; 6 class-conscious; 7 dominant, aggressive 8 authoritarian

1–3 A   3 B (Poncia tells us of her own relations with Bernarda and reveals her own character)

4 C 5 C 6 B 7 D 8 C

3 Empareja los temas 1–9 con los acontecimientos en la obra que los ilustran (a–i). ¡Cuidado! Algunos de los ejemplos ilustran más de un tema.

1 a f h j 2 h n 3 c e 4 a b f g 5 a f g h 6 a i 7 b h
8 c d 9 c h

4 Lee el fragmento de la obra que procede el Acto 1, al terminar los funerales, y después de la salida de la última vecina. Después de leerlo, contesta las siguientes preguntas.

1 Se aprende que desprecia a sus vecinos; es mandona, que piensa que es superior; que tiene una opinión muy baja de las mujeres. Es antipática.

2 2, 4, 5, 7

5a Con un/a compañero/a empareja cada símbolo con su interpretación.

1 e 2 f 3 a 4 c 5 g 6 d 7 b

5b Las acotaciones son las notas que en una obra teatral aclaran lo relativo al escenario, acción o movimientos de los personajes. Lee las acotaciones del principio de cada uno de los tres actos y contesta estas preguntas.

1 De blanquísima a blanca a blanca azulada. Muestra que la situación sigue empeorando.

2 La vida en la casa se hace cada vez más opresiva. Penetran al interior de la casa que representa una cárcel.

3 Los muros gruesos representan la cárcel en que las hijas se encuentran. El silencio umbroso crea un ambiente de presentimiento.

6 Answers will vary.

3: Writing an essay about a film or a literary text
"Ocho apellidos vascos"

1 Plan: Look at the plan this student has written for this essay question: "Describe cómo cambia la relación entre Rafa y Amaia a lo largo de la película". Answer the following questions.

1 *What further points could be added to the plan?*
The student could also talk about how they pretend to convince Amaia's father; give more detail about the aspects of the relationship and the characters feelings.

2 *Are there enough/too many points?*
The student could argue there is enough if each point is explored in detail but not enough if each is treated superficially.

3 *Are there enough examples to back up the point?*
No, the student does not provide key examples from the film to back up the points.

4 *Could you add any more?*
Examples of the scene at the wedding, the night the couple spend together, the scene in Amaia's house, the scene when Rafa meets Amaia's father would all be good examples to back up the points.

2 Introduction: Look at the introduction the student has written for this essay and answer the following questions.

1 *Corrections:*

Hay varios cambios en la relación entre Rafa y Amaia en / a lo largo de la película, "Ocho apellidos vascos". Voy a describir y analizar su primer encuentro y la visita de Rafa al País Vasco. Primero,…

2 *What advice would you give to the student who wrote this introduction?*

It's good to keep the introduction short, especially due to the word count, but be more explicit about what you are going to explore.

3 *How would you improve it?*

The introduction could be improved by being more concise and writing exactly what areas the student is going to explore. Also, the errors are poor so the student needs to improve their grammar. They could also try to vary the connectives more.

3 Making points: Look at the points the student has made. Correct errors and answer the questions.

1 *Corrections:*

Al principio de la película Amaia está muy cruel pero Rafa está muy enamorado de ella. Cuando se conocen en la boda se besan pero Amaia vuelve al País Vasco y Rafa decide seguirla a pesar de los consejos de sus amigos, que piensan que Rafa es tonto.

2 *Do you think the point is well argued? Why (not)?*

The student makes several points within the same paragraph. The paragraph would have been improved by taking the first point and exemplifying it with a scene from the film. The candidate is narrating a little and it would be better to offer a personal judgement of the relationship to avoid 'story telling'.

3 *What examples are there, such as scenes from the film, to back up the student's point?*

The student could have referred to the scene at the wedding when they first meet or the scene at Rafa's house when they 'spend' the night together.

4 *What cinematic language and techniques could the student use to improve the point?*

The student could have talked about the shots used or the way the characterisation of the actors reveals the emotions.

4 Conclusion: Look at the sample conclusion. Correct the errors and highlight good points.

1 *Corrections:*

En conclusión/para concluir, creo que la relación entre Rafa y Amaia cambia un montón a lo largo de la película. Al principio, es una relación de amor y odio pero poco a poco gracias a las situaciones cómicas que experimentan juntos y la influencia de

los personajes secundarios, como Merche y Koldo, se enamoran.

Positive aspects:

2 a clear indication of the start of a conclusion

3 use of technical vocabulary: "los personajes secundarios"

4 the student's opinion: "creo que…"

5 where judgements and decisions regarding the title are made: "Rafa y Amaia (5) cambia un montón a lo largo de la película"

6 good linking words: "gracias a las situaciones cómicas"

7 a summing up of certain key ideas: "poco a poco gracias a las situaciones cómicas que experimentan juntos y la influencia de los personajes secundarios, como Merche y Koldo, se enamoran"

"La casa de Bernarda Alba"

1 Plan: Look at this student's plan for this essay.

1 *Whether enough points have been made*

This plan does provide a basis for the essay but the plan could be extended.

2 *If not, what should be added.*

A more detailed plan with examples from the text.

3 *Can you provide an example to illustrate each point?*

Bernarda: hypocrisy; classism; importance of honour and appearances

La Poncia: her treatment by Bernarda illustrates the class difference; she is much less concerned with appearances; her role is partially as narrator of external events

María Josefa: illustrates Bernarda's obsession with keeping up appearances; her openness is in striking contrast with Bernarda's closed mentality

2 Introduction: Look at the introduction. Correct the errors. Suggest how the introduction could be improved.

1 *Corrections:*

"La casa de Bernarda Alba" es "un drama de mujeres en los pueblos de España". Todos los personajes muestran/ilustran aspectos del papel de las mujeres en aquella época. Voy a analizar la contribución de cuatro de los personajes importantes de la obra.

Para comenzar voy a considerar el papel de Bernarda…

2 *How could the student improve upon this introduction?*

Having explained that the secondary title of the play is "un drama de mujeres en los pueblos de España", the student might choose to outline briefly the situation for women in 1930s rural Spain (remembering that this is pre-Civil War so any references to Franquismo etc. are irrelevant).

The student could then explain that the four women to be considered in the essay represent different roles which will be discussed below.

3 **Making points: Look at the sample paragraph making points to support the argument. In this extract the student is starting to talk about Bernarda. Proofread and correct the errors (1) and consider the questions 2–6.**

1 *Corrections:*

Bernarda es viuda y asume el papel de jefa de la casa. Es muy fuerte y orgullosa y domina a sus hijas y a las criadas. Por ella la apariencia es lo más importante y piensa siempre "¿qué dirán?"

2 *Is this a promising start?*

Quite promising but a bit more background information would be relevant.

3 *Is the student addressing the question?*

He/She is, but this could be better.

4 *How can you improve on it?*

Each of the points mentioned should be separated and developed – with examples.

5 *Make some detailed notes on how you would write about Bernarda. Don't forget to include some specific quotes or references to substantiate each of your points.*

Viuda: recently widowed – 2nd marriage; head of household and very dominant – imposed 8 years of mourning on daughters. Dominant – bastón etc; set-up in the house; hierarchical – examples of treatment of servants; very concerned with appearances – house has to be very clean because of what neighbours might say etc.

6 *Do the same for the other three characters you are going to consider.*

Students provide material for other characters following the example in 5.

4 **Conclusion: Look at the sample conclusion. Reread the conclusion for any errors and correct them.**

1 *Corrections:*

En conclusión, creo que cada uno de los cuatro personajes que he considerado nos enseña mucho sobre el papel de las mujeres en aquella época. El personaje epónimo, Bernarda, simboliza la tiranía no solo de los varones sino también del clima político de la época.

2 *Is this an appropriate summing up?*

This is a good start but the essay is about four characters so the others need a mention too.

3 *What are the strengths and weaknesses?*

The conclusion should not introduce any new material. It should be a brief summing up of the points made in the main body of the essay. The first sentence is fine in principle but then a short summary of the role of each of the women could follow with an evaluation of their roles.

4 *How could it be improved?*

Possibly insert as the second sentence something like:

"Representan mujeres de varias edades y de distintos niveles sociales y en su conjunto ilustran la hipocresía y la importancia de apariencias que tenían que aguantar."

And as a final sentence students could add a sentence such as: "La Poncia y María Josefa son las víctimas de su tiranía mientras que la hija de la Librada ilustra el hecho que la hipocresía y una noción errónea de la moralidad son endémicas aun fuera de la casa de Bernarda Alba."

5 *Is the language appropriate?*

Yes, the language is appropriate and grammar reasonably accurate.